徽州传统村落

吴必虎　罗德胤　张晓虹　汤敏 ◎ 主编

张云彬　张宏梅　王娟 ◎ 编著

中国传统村落文化抢救与研究

文化区系列

海天出版社
·深圳·

图书在版编目（CIP）数据

徽州传统村落 / 吴必虎等主编. — 深圳：海天出版社，2020.12

（中国传统村落文化抢救与研究. 文化区系列）

ISBN 978-7-5507-3007-6

Ⅰ. ①徽… Ⅱ. ①吴… Ⅲ. ①村落－研究－徽州地区 Ⅳ. ①K928.5

中国版本图书馆CIP数据核字(2020)第179379号

审图号：GS（2020）5315号

徽州传统村落
HUIZHOU CHUANTONG CUNLUO

出 品 人	聂雄前
项目策划	许全军
项目统筹	南　芳
责任编辑	童　芳
责任校对	赖静怡
责任技编	郑　欢
装帧设计	知行格致

出版发行	海天出版社
地　　址	深圳市彩田南路海天综合大厦（518033）
网　　址	www.htph.com.cn
订购电话	0755-83460239（邮购、团购）
设计制作	深圳市知行格致文化传播有限公司　Tel：0755-83464427
印　　刷	中华商务联合印刷（广东）有限公司
开　　本	787mm×1092mm　1/16
印　　张	19
字　　数	238千
版　　次	2020年12月第1版
印　　次	2020年12月第1次
定　　价	398.00元

海天版图书版权所有，侵权必究。
海天版图书凡有印装质量问题，请随时向承印厂调换。

"中国传统村落文化抢救与研究·文化区系列"编委会

EDITORIAL COMMITTEE

丛书主编：吴必虎　罗德胤　张晓虹　汤　敏

《中国传统村落概论》

编委会主任：张宝秀、成志芬
编委会成员：朱永杰、刘剑刚、李　扬、
　　　　　　时少华、张　勃、苑焕乔、
　　　　　　周爱华
编写分工：第一章　张宝秀、成志芬
　　　　　第二章　朱永杰
　　　　　第三章　刘剑刚
　　　　　第四章　李　扬
　　　　　第五章　成志芬、苑焕乔
　　　　　第六章　张　勃、李　扬
　　　　　第七章　时少华

《中原传统村落》

编委会主任：丁　华、张　东、
　　　　　　杨　博、郭晋媛
编委会成员：杨晓俊、戴　宏、刘改芳、
　　　　　　栗晓楠、刘　晗、姚　浪、
　　　　　　李羿祥、薛艳青、戴景文、
　　　　　　蒋星怡、朱凯凯、黄静怡、
　　　　　　廖文强、张　悦、陈鑫源、
　　　　　　陈姗姗、陈添珍、高媛媛、
　　　　　　刘丽丽、易远铨、黎燕君、
　　　　　　王　坤、易　雪、萧僖雯、
　　　　　　沈思源、苏小燕

《徽州传统村落》

编委会主任：张云彬、张宏梅、王　娟
编委会成员：张　茹、沈思佳、张业臣、
　　　　　　张小军、闻　飞、方敦礼
编写分工：第一章　张云彬
　　　　　第二章　张宏梅、张云彬
　　　　　第三章　张云彬
　　　　　第四章　王　娟
　　　　　第五章　张云彬、张宏梅、
　　　　　　　　　王　娟
　　　　　第六章　张宏梅

《荆楚传统村落》

编委会主任：龚胜生、何小芊、胡　娟、
　　　　　　陈丽军
编委会成员：伍昌友、李孜沫、魏幼红、
　　　　　　张　涛
编写分工：第一章　龚胜生、何小芊
　　　　　第二章　何小芊
　　　　　第三章　胡　娟、龚胜生
　　　　　第四章　胡　娟
　　　　　第五章　陈丽军
　　　　　第六章　陈丽军
　　　　　第七章　何小芊

《客家传统村落》

编委会主任：陈 川
编委会成员：萧清碧、黄宗焕、李长青、
　　　　　　何烈孝、沈 洁
编写分工：第一章 陈 川、萧清碧
　　　　　第二章 陈 川、萧清碧
　　　　　第三章 萧清碧、陈 川、
　　　　　　　　黄宗焕、李长青
　　　　　第四章 萧清碧、陈 川、
　　　　　　　　黄宗焕
　　　　　第五章 萧清碧、李长青、
　　　　　　　　黄宗焕、陈 川
　　　　　第六章 陈 川、萧清碧、
　　　　　　　　黄宗焕、何烈孝

《西南传统村落》

编委会主任：刘丹萍、高 璟、吴艳阳、
　　　　　　徐 燕
编委会成员：陈玲玲、刘博宇、郭可欣、
　　　　　　赵昱嫣、郭聪聪、方家刚、
　　　　　　宋尚周
编写分工：第一章 刘丹萍、高 璟
　　　　　第二章 刘丹萍、高 璟
　　　　　第三章 刘丹萍、高 璟
　　　　　第四章 刘丹萍、高 璟
　　　　　第五章 刘丹萍、高 璟、
　　　　　　　　吴艳阳、徐 燕
　　　　　第六章 刘丹萍、高 璟

《关东传统村落》

编委会主任：朱晓蕾、王福刚
编委会成员：付 卉、甘 静
编写分工：第一章 付 卉、朱晓蕾
　　　　　第二章 朱晓蕾
　　　　　第三章 王福刚
　　　　　第四章 朱晓蕾
　　　　　第五章 甘 静、朱晓蕾、
　　　　　　　　王福刚
　　　　　第六章 朱晓蕾

《吴越传统村落》

编委会主任：崔 峰、王丽娴、张光明
编委会成员：千继贤、王 瑜、朱晓庆、
　　　　　　尤 峰
编写分工：第一章 崔 峰、朱晓庆
　　　　　第二章 崔 峰、千继贤
　　　　　第三章 王丽娴、崔 峰
　　　　　第四章 王 瑜
　　　　　第五章 崔 峰、尤 峰
　　　　　第六章 张光明

《西北传统村落》

编委会主任：李 丁、苗 红、冶建明
编委会成员：韩雅敏、林 燕、孟 璐、
　　　　　　王文倩、李珍珍、黄 雪、
　　　　　　耿一睿、刘国锋、王 芸、
　　　　　　王 宁、余 洋、王 鑫
编写分工：第一章　李 丁、苗 红、
　　　　　　　　　冶建明
　　　　　第二章　李 丁
　　　　　第三章　苗 红
　　　　　第四章　冶建明
　　　　　第五章　李 丁、苗 红、
　　　　　　　　　冶建明

《滨海传统村落》

编委会主任：裴 丹
编委会成员：黄丽华、严琳霞、李丹洋、
　　　　　　尚珍宇
编写分工：第一章　裴 丹
　　　　　第二章　裴 丹
　　　　　第三章　尚珍宇、裴 丹
　　　　　第四章　李丹洋、严琳霞、
　　　　　　　　　裴 丹
　　　　　第五章　黄丽华、严琳霞、
　　　　　　　　　李丹洋、裴 丹
　　　　　第六章　严琳霞、裴 丹

《黄淮海传统村落》

编委会主任：邢慧斌
编委会成员：魏云刚、孙庆久、佟 薇、
　　　　　　吴 军、马 晓
编写分工：第一章　佟 薇、邢慧斌
　　　　　第二章　孙庆久、邢慧斌
　　　　　第三章　马 晓、邢慧斌
　　　　　第四章　魏云刚、邢慧斌
　　　　　第五章　吴 军、邢慧斌

《巴蜀传统村落》

编委会主任：刘小方、李小波
编委会成员：纪凤仪、冯祉烨、王晓文
编写分工：第一章　冯祉烨、刘小方、
　　　　　　　　　李小波
　　　　　第二章　冯祉烨
　　　　　第三章　刘小方、冯祉烨
　　　　　第四章　纪凤仪

《藏蒙传统村落》

编委会主任：朱普选
编委会成员：明庆中、梁旺兵、曾　谦、
　　　　　　琼　达、罗赞敏、黄　丽、
　　　　　　尚前浪、先　巴、秦　旭、
　　　　　　李　凡、阿荣娜、肖卫东、
　　　　　　史家铭、达　桑、慈尚普、
　　　　　　蒋其平
编写分工：第一章　朱普选
　　　　　第二章　琼　达、肖卫东、
　　　　　　　　　史家铭、达　桑、
　　　　　　　　　慈尚普、蒋其平
　　　　　第三章　罗赞敏、先　巴
　　　　　第四章　梁旺兵、秦　旭
　　　　　第五章　黄　丽
　　　　　第六章　尚前浪、李　凡、
　　　　　　　　　明庆中
　　　　　第七章　曾　谦、阿荣娜

《东南传统村落》

编委会主任：吴荣华、王国栋、郑庆之、
　　　　　　黄丽华
编委会成员：叶乃齐、冯仕晏、曾健鹏、
　　　　　　陈秋晓、邓冰蓉
编写分工：第一章　王国栋
　　　　　第二章　王国栋
　　　　　第三章　郑庆之
　　　　　第四章　吴荣华
　　　　　第五章　吴荣华、王国栋、
　　　　　　　　　黄丽华
　　　　　第六章　吴荣华、王国栋、
　　　　　　　　　黄丽华

《江淮传统村落》

吴小伟　编著

致谢

林丽琴、姜丽黎、宋尚周、谢冶凤、王梦婷、王定镇、王　琳、周爱清、陈建茂、于小强

序言
PREFACE

　　进入二十一世纪的中国，城市化进程发展十分迅速。城市化脚步之快，快过了这个社会的思考的速度。在这样一种背景下，大量的农业人口进城，大量的乡村"空心化"，伴随着相当长的一个时期内地方发展对土地财政的严重依赖，在村集体所有制的宅基地制度基础上农民对乡村规划建设的弱势地位，以及其他一些社会经济和文化原因，导致了中国传统村落大片大片消失。正如一大批分布于全国各地，从事各行各业，痛惜于传统村落的快速消亡，钟情于怀念美丽田园生活里的梦幻童年，致力于利用各种方式抢救濒于困境的故土，投身于丰富多姿的乡村文化遗产研究领域的人们一样，五六年前我们几个志同道合的小伙伴，清华大学建筑学院的罗德胤副教授，北京大学俞孔坚教授的学生、古村之友发起人汤敏硕士，浙江桐乡乌镇和北京古北水镇主理人陈向宏先生，发起成立了古村镇大会，并分别在浙江乌镇、山东滨州、北京古北水镇和山西碛口古镇，召开了四次古村镇大会。在办会过程中，几位会议创办人提起了组织编辑出版一套古村研究丛书的想法，这一想法得到了深圳海天出版社的支持，申报了"十三五"出版规划，并顺利获得批准立项。

这套丛书的框架相当庞大，初步设想包括文化区系列、物质文化系列和非物质文化系列。这么庞大的系列，组织起来难度可想而知。为了增强组织和编写力量，我们又邀请了复旦大学中国历史地理研究所所长张晓虹教授加盟。目前推出的十五册，仅是其中第一辑文化区系列。

为什么要从文化区视角组织第一辑系列丛书？这主要基于中国传统村落形成发展于中国广袤的国土、悠久的历史、多民族共融的文化视角的考虑。

从自然地理角度看，中国南北横跨热带、亚热带和温带三个气候地带，东西纵盖60多个经度，具有东部滨海平原、中部山地高原盆地、西部干旱沙漠和高寒山地高原等多种地貌形态，海拔高度又具有从海平面以下数百米到世界屋脊最高峰8848.86米的最大高差形成的垂直气候带和植被带。在这么广阔、多样的自然地理条件下形成的村落，必然呈现出世界上最为丰富的聚落景观和文化形态。

此外，动辄数千年的悠久历史和历史上波澜壮阔的人口迁移与融合，又为传统村落打上了深厚文化底蕴和丰富民族特色的烙印。

基于以上几个条件，实际上，文化区系列的传统村落，从一个较为宏观的层面，而非村落本身，更非民居建筑单体，来呈现和传承中国灿烂多姿的乡村文明画卷。

第一辑文化区系列的传统村落板块，除了第一册《中国传统村落概论》综述其概，其余十四册基本上放在特定文化区的概述、物质文化、非物质文化，以及传统村落文化保护与旅游活化这样一个基本结构内阐述。其中绝大多数分册表述的是一个较为连续的地域单元，如中原、江淮、巴蜀、客家等文化区，这些文化区虽然具有基本上一致的身份认同，但具体绘制到地图上时，并非易事。

文化区属于一种人类认知的范畴，不仅难以提出统一准确的判别标准，而且即使有一些参数可供核准，但在不同的审视者眼里得到的评价结果也会存在不同。另外，人口迁移、现代化冲击和民族融合，也客观存在着两种甚至更多的文化融合，出现了一些所谓的文化叠合区域。例如，在讨论青藏高原时，可以把青海与西藏视为一个整体区域，但实际上青海除了藏蒙文化，在接近甘肃和新疆的部分，也还有相当多的西北文化。此外，在中原文化区与黄淮海文化区之间、中原文化区与江淮文化区之间、吴越文化区与徽州文化区之间，也都存在一定程度的文化叠合现象。

一般情况下，文化区应该是连续的地域空间，但也有个别情况比较特殊，一个是藏蒙文化，它是按照藏传佛教的分布特点来组织的，藏传佛教影响区的村落或集镇，都有围绕喇嘛庙而建设的特点，它们在空间上地域非常广大。另一个是滨海文化，它是按照临海居岛的地理特点来组织的，涉及中国一万多公里的海岸线，北面涉及黄渤海，中间是东海，南部是南海，这些绵长的海岸线和有人居住的岛屿上，形成的岛居海厝不仅独具一格，而且同样彰显中国自身的海洋文化。关于这一点，过去的传统村落研究，常常并未加以足够重视。

包括传统村落在内的文化景观具有丰富的多样性，区域多样性是其突出表现之一。这套丛书力图通过对进入官方视野、获得几个部委共同颁布的传统村落体系的乡村聚落为主要探讨对象的分析，来获得社会更加广泛的注意，让更多的机构和社会各阶层关注传统村落的传承和发展，唤起更多的部门和公众研究传统村落传承和发展过程中存在的政策、法规、理念与价值冲突，共同寻求其解决之道，为中国传统村落这一特殊文化景观的保护和长期发展贡献一份自己的力量。

吴必虎

2020 年 12 月 11 日

于北京大学逸夫二楼

目录

CONTENTS

第一章 概述 001

第一节 徽文化与徽州概述 / 002
  一、徽文化概述 / 002
  二、徽州概述 / 010
  三、徽文化影响区概述 / 013

第二节 徽州传统村落的发展演化历程 / 021
  一、初步形成期 / 021
  二、蓬勃发展期 / 023
  三、繁荣鼎盛期 / 024
  四、日渐式微期 / 025
  五、文化复兴期 / 026

第三节 徽州传统村落的地理分布与类型 / 028
  一、徽州传统村落的总体分布情况 / 028
  二、徽州传统村落的区域性特征 / 030
  三、徽州传统村落的主要类型 / 032

第二章 徽州传统村落的成因 043

第一节 自然因素对徽州传统村落的影响 / 044
一、河流因素的影响 / 044
二、地形因素的影响 / 047
三、气候因素的影响 / 052
四、其他自然因素的影响 / 055

第二节 文化因素对徽州传统村落的影响 / 057
一、程朱理学的影响 / 057
二、宗族制度的影响 / 060
三、风水学说的影响 / 062
四、其他文化因素的影响 / 064

第三节 社会变迁对徽州传统村落的影响 / 065
一、人口迁移的影响 / 065
二、徽商兴盛的影响 / 067
三、士人频出的影响 / 072
四、其他社会变迁活动对徽州传统村落的影响 / 076

第三章 徽州传统村落的物质文化景观 077

第一节 徽州传统村落的布局形态 / 078
一、村落环境布局 / 078
二、村落空间格局 / 082

第二节 徽州传统村落的公共空间类型与特征 / 085
一、村落聚集空间及其特征 / 085
二、村落交通空间及其特征 / 086
三、村落休憩空间及其特征 / 089
四、村落其他公共空间及其特征 / 093

第三节 徽州传统村落里的主要物质元素 / 097
一、公共建筑 / 097

二、民居建筑 / 103
　　三、村落道路 / 112
　　四、水体 / 113
　　五、绿化景观 / 117
　　六、其他物质元素 / 121

第四章 徽州传统村落的非物质文化景观 127

第一节　徽州传统村落里的民俗景观 / 128
　　一、节庆活动 / 128
　　二、婚丧嫁娶 / 130
　　三、其他民俗 / 132

第二节　徽州传统村落的宗族文化景观 / 136
　　一、徽州宗族社会概况 / 136
　　二、族规家法 / 137
　　三、谱牒 / 146
　　四、其他宗族文化 / 147

第三节　徽州传统村落的文艺景观 / 148
　　一、徽州学派 / 148
　　二、徽州楹联 / 151
　　三、徽州绘画 / 152
　　四、徽州戏剧 / 156
　　五、徽州三雕 / 161
　　六、徽州工艺 / 166

第四节　徽州传统村落的其他非物质文化景观 / 169
　　一、徽州方言 / 169
　　二、徽州科技 / 170

第五章 徽州现存传统村落集萃 173

第一节 典型传统村落 / 174
一、黟县宏村 / 174
二、黟县西递村 / 184
三、歙县雄村 / 193
四、徽州区呈坎村 / 201
五、休宁县祖源村 / 208
六、婺源县李坑村 / 214
七、绩溪县龙川村 / 219
八、祁门县渚口村 / 226

第二节 重要传统村落 / 230
一、歙县阳产村 / 230
二、黟县卢村 / 233
三、休宁县木梨硔村 / 237
四、徽州区西溪南村 / 240
五、泾县查济村 / 245
六、淳安县芹川村 / 250

第六章 徽州传统村落的保护与活化 255

第一节 徽州传统村落保护与发展的现状及问题 / 256
一、国家层面相关法律法规对徽州传统村落保护与发展的作用 / 256
二、安徽省和江西省相关法规政策概况 / 257
三、徽州传统村落保护与发展的总体现状 / 258
四、徽州传统村落保护与发展的主要问题 / 259

第二节 徽州传统村落保护与活化的实践模式 / 264

第三节 徽州传统村落的活化路径展望 / 265
一、徽州传统村落活化的总体原则 / 265
二、徽州传统村落活化的政策引导 / 267

三、徽州传统村落活化的组织模式 / 270

四、徽州传统村落活化的技术支撑 / 272

五、徽州传统村落活化的实施策略 / 274

参考文献 / 277

附录：徽州传统村落名单 / 279

后记 / 284

中国传统村落
文化抢救与研究

文化区系列

Chinese Traditional Villages

第一章

概述

第一节
徽文化与徽州概述

一、徽文化概述

（一）徽文化简介

徽文化主要是指以徽州（古时又称"新安郡"）为地域依托，当地人民长期以来在社会活动中所创造的物质财富和精神财富的总和，是以儒学伦理、宗族观念、商业精神为三大基本内核，发展成的一种自成体系的多层次文化系统。徽文化底蕴深厚，传统悠久，影响了全国各地。国内外学者对徽州的研究开始于 20 世纪 20 年代，之后徽商、徽州宗族和新安理学等逐渐受到关注。徽学是以研究徽州历史文化，特别是明清徽州社会经济史为主要内容的综合性学科。徽学的产生、发展和繁荣历经近一个世纪的时间。80 年代后，"徽学"的概念广为传播，主要得力于徽州数十万件真实典型的原始契约文书的发现和流传，包括自南宋至民国末年徽州地区的公文案牍、诉讼文书、书信手札、乡规民约、赋役黄册、鱼鳞图册、徽商账本、遗嘱阄书等，堪称 20 世纪继甲骨文、汉晋简牍、敦煌文书、明清大内档案之后中国历史文化的第五大发现。90 年代后，徽文化研究进入了新的阶段，徽学被誉为与敦煌学、藏学比肩而立的中国三大地方学之一。①

　　文化，说到底还是一种历史现象的沉淀。徽文化也是如此。徽州的历史至少有5000年，严格、典型意义上的徽文化主要是指北宋宣和三年（1121）设立徽州府后才全面崛起，在明清时达到鼎盛的文化，但这一文化与其早期发展及后期演变都有内在关联。徽州历史上经历过三次人口迁入，分别是西晋、唐末、北宋时期，这三次北方强宗大族的南迁，带来了先进的生产技术和中原文化，使徽州逐渐成为华夏名区。自南宋以后，这里更是文风昌盛、人文荟萃，成了"东南邹鲁""礼仪之邦"。可以说，徽文化是对中原文化的包容整合，不仅具有强烈的凝聚力，还有着高度的开放性。

　　本书所说的"文化"是取其广义的概念，不仅指学术理论、文化艺术，还包括商业经营、宗法伦理、精神信仰、风俗民情、文献著作、社会经济、土地制度、历史人物等等。徽文化是中华古代文化后期阶段发展的一个缩影，徽州是中国传统儒、释、道思想文化融合的沉淀区，蕴藏着丰富的历史信息和文化景观。徽州人将那些本来属于上流社会的道德伦理、文化传统悄然引入普通百姓的生活，而那些深藏于徽州的历史文化印记依然触动着一代又一代人。徽文化所包含的徽州村落、徽派建筑、徽州三雕、徽州商帮、徽州宗族、新安理学、新安志学、新安医学、徽派朴学、新安教育、新安画派、新安科技、新安工艺以及徽菜等都是当时的中华文化在这些领域里

---

① 敦煌学是指以敦煌遗书、敦煌石窟艺术、敦煌学理论为主，兼及敦煌史地为研究对象的一门学科，是发掘、整理、研究和保护中国敦煌地区文物、文献的综合性学科。藏学是研究中国藏族历史、宗教、文化、经济、政治、社会等各个领域的综合性学科，又称"西藏学"。徽州学简称"徽学"，现代意义上的徽学诞生于20世纪80年代初，是指以徽州社会、经济、文化、思想、艺术、科技、工艺等为研究对象，具有徽州特色的理念和学说的总和。徽学作为"学"，它是一种合理地呈现客观社会历史文化和现实文化的系统知识的学问、学理与学说。

图 1-1 徽派建筑

的精粹,曾各领风骚几十年、几百年甚至上千年,在全国有着不可忽视的影响力,对中国现阶段经济、社会的建设和发展也有一定的借鉴作用。

(二)徽文化成因

1.中原文化的积淀是徽文化形成的"基因"。徽州虽然位于山越之地,但徽文化却不是山越土著文化。"自昔战乱,中原衣冠多避地来此",历史上中原战乱频繁,西晋末年

"永嘉之乱"、唐末"黄巢之乱"和北宋末年"靖康之乱",导致一些中原士族避难迁徙至徽州。他们依据风水选取聚居地,给徽州带来了先进的生产技术、生产工具,还带来了孔孟文化,为徽州奠定了正统的中原文化根基。移民始终坚守着祖居地的各种遗风,注重宗法制度,有着主仆之别,兴文重教,勤俭持家,这些都是徽州宗族文化的重要特征,也使徽文化的发展充满了生机与活力。此外,崇山峻岭的屏蔽又使得徽州形成了相对独立的文化区域,中原文化与土著文化相互碰撞,最后形成具有鲜明特色的地方文化。

2. 宗族制度的延续是徽文化形成的"根基"。中原士族的迁入和徽州较封闭的环境,为徽州宗族的发展提供了有利条件。聚族而居的徽州基本上就是一个宗族社会,"家多故旧,自六朝唐宋以来,千百年世系比比皆是。重宗谊,修世好,村落家构祖祠,岁时合族以祭"[①]。宗族是整个徽州社会的基础,宗族的组织建设、层次结构、运作形式等,直接关系到徽州经济的发展和文化的走向。徽州聚族而居的文化造就了徽州传统村落,并且形成了强大的乡土凝聚力。扶贫济困、兴文重教、勤俭持家、以众帮众等都是徽州宗族文化的优良传统。

3. 程朱理学的兴盛是徽文化形成的"支柱"。徽州号称"东南邹鲁""程朱阙里",新儒学的代表人物"二程"和朱熹皆与徽州有极深的渊源,所谓"道学渊源在新安久矣"。徽州凡事皆依文公《家礼》,凡书皆读朱子所注,这是当时徽州的一个奇特现象。朱子学说不仅影响了徽州从学、从仕、从商之人,也深入民(其他人)心,成为整个徽州的指导思想,潜移默化地影响着他们的职业观和

---

① 许承尧.歙事闲谭[M].合肥:黄山书社,2001.

价值观，以及徽文化的发展。《茗洲吴氏家典》中记载："我新安为朱子桑梓之邦，则宜读朱子之书，取朱子之教，秉朱子之礼，以邹鲁之风自待，而以邹鲁之风传之子若孙也。"① 程朱理学在徽州有着深深的烙印，是徽文化发展的思想支柱，也构成了徽文化的深刻内涵。它从整体上提升了徽州的人文素质，丰富了徽文化的理性内核；对徽州的负面影响也很深刻，特别是在封建化方面，比如封建制度的强化、主仆制度的维持、封建礼教对徽州女性的禁锢等。

4. 徽商经济的发展是徽文化形成的"酵母"。徽商经济的产生和发展是徽文化形成和发展的物质基础。徽商"贾而好儒"，注重贾儒结合，贾仕结合，强化宗谊，重视教育，恪守贾道。徽州人有非常高的文化自觉，他们所赚的钱除了用于扩大再生产以外，还注重建会馆、办文会、兴诗社、蓄戏班、印图书、筑园林、修桥补路、撰文修谱等。在"富而教不可缓也，徒积资财何益乎"的思想意识指导下，他们"延师教子"，加强对子弟的培养，兴办学校和书院，鼓励读书，培养人才，客观上为徽文化的发展提供了强大的经济后盾。徽商对文化建设的关注，直接推动了徽文化的发展与繁荣。

5. 徽州教育的高度发达是徽文化形成的"温床"。徽州历史上文风兴盛，教育发达，府学、县学、书院、社学、私塾、文会极为昌盛，读书入仕途成为一种社会风气。"远山深谷，居民之处，莫不有学有师""十户之村，不废诵读"，就是当时徽州文风昌盛的写照。由于教育发达，人才辈出，据统计，中进士者，仅徽州本籍，宋代有 624 人，明代有 392 人，清代有 226 人。② 清代本籍、寄籍的

---

① 吴翟，刘梦芙. 茗洲吴氏家典[M]. 合肥：黄山书社，2006.
② 黄山市徽州文化研究院. 徽州文化研究：第二辑[M]. 合肥：安徽人民出版社，2004.

图 1-2　黄山市徽州区潜口镇唐模村的同胞翰林坊

状元合计 17 人，仅次于苏州府，名列全国第二，创造了"一门九进士""父子尚书""同胞翰林""一镇四状元""一县十九状元"等诸多佳话和奇迹。徽州很多县区都有"邑小士多"之称①。发达的徽州教育是徽文化得以形成和繁荣的"温床"，也是徽文化历经千年而不衰的动力之一。

---

① 较陈锡，赵继序，章瑞钟.绩溪县志[M].[出版地不详]：[出版者不详]，1756.

（三）徽文化的价值

1. 学术价值。徽文化的学术价值主要体现在资料价值、标本价值和认识价值三个方面。首先，现存徽文化的历史资料非常丰富，是研究中国封建社会后期，特别是明清以来社会经济实态的重要资料。正是丰富的历史资料，才使徽文化有了根基和活力。其次，徽文化是中华文化中富有典型意义的标本。徽州是经济、社会、文化发展相对完整的典型区域，具有典型范本、样式的价值和作用，并越来越显示出其独有的魅力。最后，从现存徽文化的大量实物和史料中，我们能够全面而真实地了解整个徽州社会的完整形态；徽文化是一部反映封建社会后期文化的"百科全书"，具有重要的认识价值；徽文化是中国封建社会后期乡村民间社会与文化发展的实态体现，对探索中国古代基层社会实态具有重要的认识价值；徽文化反映了中国封建社会后期的历史文化特点，为我们认识中国封建社会的真实面貌提供了条件。

2. 现实价值。第一，徽文化体现了一定历史时期经济、社会、文化、自然的和谐发展，对其发展模式、兴衰更替的深层剖析，不仅有助于认识中国古代社会背景下的区域兴衰史，而且对当代社会有重要的借鉴意义。第二，徽学研究不仅可以促进文化建设，也能够为地方经济发展服务。一方面，科学开发利用徽文化资源，将学术研究成果转化为生产力，通过发展旅游促进地方经济的发展；另一方面，徽商的开放意识和积极进取的创业精神，对现在发展经济具有重要借鉴意义。

（四）徽文化的地位

徽文化是在中国封建社会后期，权力高度集中和思想、文化一体化加强时期形成并获得极大繁荣的区域文化。因此，徽文化是一种典型的中国封建文化，封建性是其本质属性。徽文化的基础之一——徽商，就是一个典型的中国封建商帮，贾儒结合、贾仕结合、重亲谊、重乡谊等都是其封建性的具体表现；古徽州教育也是一种封建教育，教材的选定、教程的安排、教授的目的等无不体现着中国封建社会的内容和要求；更重要的是，徽文化的指导思想——程朱理学，在很长一段时间里是中国封建社会的官方哲学，维护着中国封建社会。正是由于徽文化的封建性本质，当历史的脚步来到近代，随着中国封建社会的结束，徽文化随之衰落也就成为必然。

然而曾兴盛几百年的徽文化，在中国文化史上是有独特的、重要的历史地位的。从秦代开始，中国传统文化可以说是一以贯之的封建文化。徽文化在北宋时开始崛起，其全面性、丰富性、辉煌性，使之成为中国封建社会后期文化发展的典型投影；其独特性、典型性、影响广泛性，又使之成为中国封建社会后期文化发展的典型缩影，从而确定了其典型代表和标本的地位。

徽州社会与文化是中国封建社会后期社会与文化的典型代表和标本，决定了它在中国社会、文化发展史上有着独特与重要的地位，对其进行研究也就具有重要的学术价值和意义。随着1985年安徽省徽州学学会和徽州地区徽州学学会的成立，徽文化开始透露出复兴的曙光。虽然行政区划上的徽州已经不复存在，但徽文化反而"坚挺"了起来，近年来感兴趣的人越来越多，并形成了一门新的综合学科——徽学。徽文化从此走出低谷，各种徽学研究成果如雨后春笋般涌现，正在走向复兴发展的道路。

二、徽州概述

（一）徽州简介

徽州是中国历史上的经济、文化重地，现省名"安徽"便是取安庆府之"安"、徽州府之"徽"。徽州是一个地理概念，也是一个

图1-3 徽州府

历史、文化、思想概念。本书所讨论的"徽州"指现安徽、江西境内，明清徽州一府六县的区域，大致包括现安徽省黄山市属三区和歙县、黟县、休宁县、祁门县，安徽省宣城市绩溪县，以及江西省上饶市婺源县，本书第五章第一节"典型传统村落"选取的就是此范围内具有典型地域特征的传统村落。安徽和江西省其他地区，以及江苏、浙江等省境内受徽文化影响较大的区域为徽文化影响区，本书第五章第二节"重要传统村落"既选取了徽州内非典型的传统村落，也选取了徽文化影响区内的两个重要传统村落。

（二）历史变迁

早在新石器时代，徽州就已经有人类活动的迹象了。春秋战国时代，徽州先后隶属于吴、越、楚。秦统一中国后，在这里设黟县（今黟县）、歙县。后来的徽州脱胎于隋文帝开皇九年（589）所置的歙州。北宋宣和二年（1120）十月初九，方腊率众在歙县七贤村起义，先后攻占了江南6州52县，影响极大。宣和三年（1121），平定方腊起义后，改歙州为徽州，自此直到辛亥革命后废府留县的790年间，"徽州"之名前后沿用长达780年（元末曾改称兴安府），所辖6县也没有变动，这对徽州孕育出相对统一的文化起到了积极作用。

如果说1934年婺源改隶江西是肢解徽州的开始，那么1983年和1987年的两次行政区划变动则使徽州再次分裂。1983年，徽州地区的太平县（不属徽州一府六县，而为原明清时宁国府辖地）与原徽州府治（今歙县）所辖的汤口等地划属安徽省，成立县级黄山市。1987年，县级黄山市撤销，并入由"徽州地区"改名为黄山市的地级市。两次区划变动有其内在联系，这便是所谓的"徽州改名"事件。在这起事件中，撤销了1983年在黄山脚下成立的省辖县级黄山市，与原徽州地区合并组建地级黄山市，用黄山山名取代了徽州地名，从此"徽州"不存在了。与此同时，将徽州一府六县（表1-1）之一——绩溪划给了宣城，使原徽州地区被搞得残缺不全。徽州的历史地理继1912年废府留县、1934年婺源隶赣后，再次被割断了，至此，原来一府六县的古徽州已完全被分割。

表1-1　徽州一府六县

府县	治所	辖境	与本州隶属关系
徽州府	今歙县徽城镇		二级行政区，自唐代武德二年（619）开始成为徽州州治
歙县	今歙县徽城镇，明代嘉靖三十四年（1555）府县同城	今歙县、徽州区、黄山区汤口镇、黄山风景区等	秦始皇二十六年（公元前221年）置，属鄣郡，为本州首县
休宁县	今休宁海阳镇	今休宁县（璜尖乡、板桥乡和花桥乡除外）等	汉代建安十三年（208）分歙县西乡置县，隶属本州
黟县	今黟县碧阳镇	今黟县（黄山山脉以北的柯村乡、美溪乡和宏潭乡除外）	秦始皇二十六年（公元前221年）置，属鄣郡，隶属本州
绩溪县	今绩溪县华阳镇	今绩溪县（坦头、大源、金坑和溪头乡部分乡村除外）	唐代永泰二年（766）析歙县华阳镇置，隶属本州
婺源县	今婺源县紫阳镇	今婺源县、休宁县板桥乡和花桥乡	唐代开元二十八年（740）析休宁县回玉乡和邻县乐平的怀金乡置，隶属本州
祁门县	今祁门祁山镇	今祁门县（北部安凌镇除外）	唐代永泰二年（766）析黟县和饶州鄱阳二县各一部置，隶属本州

三、徽文化影响区概述

（一）徽文化影响区简介

有人把徽文化界定为地方文化，其原因当然是徽文化具有特定地域性。但实际上，徽文化并不是传统意义上的地方文化，它尽管有一定地域性限制，但由于徽州具有重要历史地位和典型意义，徽文化的研究价值要远远大于地方文化。徽文化不仅仅是局限于徽州一府六县的文化，还包括侨居外地的徽商所影响的区域文化，可以说，徽文化是一种辐射于外、影响于外的文化，例如徽州周边的旌德、泾县、宁国、淳安、浮梁、景德镇、兰溪等，甚至扬州、杭州、上海、汉口、南昌和北京等徽商活动区，都在徽文化研究的范围之内。[①] 徽文化代表了古代中国自宋代以来的主流文化，是中国封建社会后期一个具有代表性的缩影。

徽商可以佐证徽文化不仅仅是"地方学"。徽文化能够走出徽州，影响全国乃至世界，徽商做出了不可磨灭的贡献。徽商是徽文化的标志性符号，明清时期徽商足迹"几遍宇内"，历史上素有"无徽不成镇""无徽不成商""钻天洞庭遍地徽"之谚。徽商所到之处，比如扬州、武汉、上海等地，无不形成了融徽文化与当地文化于一体，又源于并别于徽文化与当地文化的亚徽文化圈。众多的亚徽文化圈既反映了徽文化的流动性、辐射性和当地人对徽文化的认同，也反映了徽文化对当地文化的吸纳性、包容性和徽文化在空间位置上的广泛性。徽商经营行业以盐、典、茶、木为著，其次为

---

① 卞利.明清徽州社会研究[M].合肥：安徽大学出版社，2004.

米、谷、棉布、丝绸、纸、墨、瓷器等。其中，婺源人多茶商、木商，歙县人多盐商，绩溪人多菜馆业者，休宁人多典当商，祁门、黟县人以经营布匹、杂货为多。徽商逐渐成了中国古代四大商帮之一，明清时期徽商称雄中国商界500多年，如扬州的盐商中就以徽商的影响力最大，中国近代著名红顶商人胡雪岩（13岁时移居杭州）富可敌国。徽商在大江南北各大城镇扎根落户，如江苏的扬州、南京，浙江的杭州、金华，江西的景德镇等地，当年都是

图1-4　浙江省杭州市淳安县浪川乡芹川村的徽派建筑

徽派建筑相对密集的城市。

　　徽文化、徽商影响其他地区的重要表现之一便是徽派建筑对其他地区建筑风格的影响。徽派建筑是中国传统建筑中重要的流派之一，对长江中下游流域及其以南地区产生了重大影响，尤其是赣北地区和浙西地区等。它以木构架为主，广泛采用砖、木、石雕，表现出高超的装饰艺术水平。此外，由于历史上徽商在扬州、苏州等地经营，徽派建筑对当地建筑风格也产生了相当大的影响。

（二）扬州

　　严格来说，徽文化的成形得益于徽商的形成。在徽商繁荣兴盛的日子里，他们最"擅胜场"的地域显然是江浙和周边的华东其他地区，扬州的盐商自不必说，苏杭的典当铺也多为徽商所开。扬州的徽派建筑，工艺特征鲜明，造型风格成熟，地域特色明显，精致考究，有着与徽州传统建筑极其相似的粉墙黛瓦。明代中叶以后，扬州的商人以徽商居多，随着徽商的到来，又来了徽州的匠师，使徽州的建筑手法融于扬州的建筑艺术中。

　　徽州园林与扬州园林同属江南文人园林，两者在造园要素和空间构成等方面有一定的相似性，由于地理环境和造园哲学思想等方面的差异，徽州园林与扬州园林在风格上又有区别，徽州园林着重表现人工控制下的秩序美，而扬州园林则以自然美见长。吴日法在《徽商便览·缘起》说："吾徽居万山环绕中，川谷崎岖，峰峦掩映，山多而地少。"这样的地形地貌可能不利于耕作和交通发展，但对造园却是相当有利的。自起建徽州园林，人们便善于利用先天条件，延山引水，将园林置身于自然山水中，尤其是徽州水口园林，水流不断，杨柳依依，路径回环纡曲，为园林注入了新的生命力。另外，由于徽州本就处于山水之间，所以园林内部并不强求完全模拟自然，而是受理学的影响，多了些方整的构图。而地势平坦的扬州城里既无山峦丘壑之境，又无峻峰绝涧之景，从山村来到城市的巨商大贾为了满足对山林寂静闲适生活的渴求，纷纷请来各地的掇石叠山的名手，穷人工之巧，寻山林之趣，在园宅中垒石筑山，变城市为山林，招诸峰至平地，构筑出一座座宛如真山绝谷的奇峰险嶂，拓展出一方方畅神涤气的心中林壑。明清时期，徽商在扬州大规模建筑园林和住宅，他们带来了徽州的匠师、石材，将徽州的园林艺术手法融合在扬州园林艺术之中。扬州多处园亭仿官式和京式的做法，究其原因，在取悦皇帝之外，也是当地徽商夸豪斗富心理的一种体现。

扬州著名的小玲珑山馆是祖籍安徽祁门的清代盐商马曰琯、马曰璐的私家园林。马氏兄弟虽为盐商，富敌扬城，但不奢侈。他们互为师友，俱以诗名，时人称"扬州二马"。他们还广交文友，酷爱藏书，遇有秘本、善本，不惜重金收购，是江浙有名的藏书家，其丛书楼藏有10万多册图书，有"藏书甲东南"之誉。小玲珑山馆原为街南书屋十二景之一，因为马氏兄弟经常在此招待文人墨客，煮酒论文，故街南书屋为其所掩，以致有人只知小玲珑山馆，而不知街南书屋。马曰琯、马曰璐有《街南书屋十二咏》的诗作，扬州地方文献多有记载。据马曰璐的《小玲珑山馆图记》记载："近于所居之街南，得隙地废园，地虽近市，雅无尘俗之嚣，远仅隔街，颇适往还之便。竹木幽深，芝其丛荟，而菁华毕露；楼台点缀，丽以花草，则景色胥妍。于是，东眺蕃釐观之层楼高耸，秋萤与磷火争光；西瞻谢安宅之双桧犹存，华屋与山丘致慨；南闻梵觉之晨钟，俗心俱净；北访梅岭之荒戌，碧血永藏。以古今胜衰之迹，佐宾主杯酒之欢。"

（三）杭州

在南宋偏安杭州后，当时宫廷建筑所用的主要木材基本出自徽州，而当时运出徽州木材的唯一通道是新安江经严州入富春江和钱塘

图1-5　扬州小玲珑山馆园景及其简化的马头墙

图 1-6
杭州胡雪岩故居

江到杭州的水路，此外，从绩溪到杭州临安的徽杭古道也渐次走通。"不慌不忙，三天到余杭，鸭蛋未露黄""走到深渡，丢了家务；到了杭州，万事一丢"，这些流传至今的民间谚语，清楚地描述着徽州与杭州的关系。徽州连接外界的两条主要通道都到达同一个目的地，当时全国的政治、经济和文化中心——杭州。徽文化对杭州较明显的影响大约有以下几点：创业谋利的商业精神，"贾而好儒"的文化追求，精致细腻的审美趣味。大名鼎鼎、富可敌国的胡雪岩尽管是红顶商人，却把家安在了杭州，大兴土木，建造宅第。明代中叶以后，秀丽精美、清新淡雅的徽派建筑风格被广泛应用，随着徽商走向全国各地。作为设计和实施者，杭州民间的"徽州帮"工匠对中国建筑艺术的贡献是不可忽视的。

（四）金华

明代黄花梨木的椅子，椅背笔直简洁，细润刚劲；抬眼望去，细腻的木雕鸟兽欲动，人物呼之欲出；穿过回廊，即是天井，四水归一的理念，使老宅别有天地……金华与徽文化有着千丝万缕的联系。徽州与金华等地同属新安江—钱塘江流域，徽州历史上一直以新安江通往金华的水道作为"生命线"，当年的徽商大都通过这条路走出徽州，徽文化也是从新安江进入浙江的。正因为这样，徽文化才

图1-7　金华具有徽派建筑风格的寺平村

得以完整保留和充分发扬：在建筑方面，粉墙、黛瓦、马头墙集徽州三雕于一体，具有徽州风格的古建筑在金华并不鲜见；徽州方言在淳安、金华等地还能听见，如婺剧中的徽戏声腔；著名新安画派大家黄宾虹就出生于金华。

（五）景德镇

景德镇是江西省文化多样性最明显的地区之一，除了赣文化以外，徽文化、吴越文化也是这里的本土文化，都有着悠久的历史。景

图 1-8　景德镇具有徽派建筑风格的浮梁古县衙

德镇城区原本属于徽语区,然而自元代开始,大量江西和全国其他产瓷区的工匠因躲避战乱而迁入,明清至民国时又有大批赣语人口来此谋生,因而逐渐成了赣语区。就其文化习俗而言,景德镇受到赣、徽两方面的影响,再加上近代来自徽州的商业移民颇多(景德镇曾有"黟县佬码头"之说),因此可以认为景德镇是江西除婺源地区以外,受徽文化影响最深的地级市。

第二节
徽州传统村落的发展演化历程

一、初步形成期

与其他文化的发展过程类似,徽文化也经历了漫长的演化过程。三国时代以前,在徽州居住的是山越人,他们耕种山林,过着与世隔绝的生活。孙吴平定山越后,设立了新都郡,对徽州进行统治。西晋时期,改新都郡为新安郡。隋唐至北宋时期,又改为歙州。随着中原战乱的频繁发生,衣冠士族纷纷逃往南方,徽州因险峻的山势自然就成了逃避战乱的世外桃源。西晋"永嘉之乱"、唐末"黄巢之乱"和北宋"靖康之乱"之后是徽州三大人口迁入时期,中原文化和山越文化逐渐融合。在徽文化形成之前,徽州经历了江南越文化、山越文化和新安文化三个历史文化时期,这些文化(特别是山越文化)虽然与后来的徽文化有很大的不同,却是徽文化形

图 1-9　徽州的传统村落

成的背景和基础，在一定程度上"催生"了徽文化。

这个时期，随着交通的改善、经济的发展，徽州的人口呈较大规模的机械式增长，村落数量和规模都随之有明显增长。村落由之前的自然演进拓展方式变成快速、成规模的增加。村落空间布局从松散的"点"开始密集向"面"扩展，徽州的总体村落分布空间格局初步形成，并开始呈现出城镇—市镇—村落的聚落等级特点，现存部分传统村落的原始形态就是在这时形成的。

二、蓬勃发展期

北宋宣和三年，方腊起义被平定后，歙州改名为徽州，因此徽文化主要指宋、元、明、清时期徽州区域的历史文化。这个时期，来自中原的世家大族本着深厚的家学渊源，崇尚"诗书训子弟""十户之村，不废诵读"，使徽州形成了尚文重教的风气，建立了府学、县学和书院。徽州府学、县学和书院的发展，使参加科举考试的人数大大增加。据统计，宋代徽州共有进士624人，徽州士子通过科举考试成功获得了政治上的崛起。罗愿在《新安志》中说："黄巢之乱，中原衣冠避地保于此，后或去或留，俗益向文雅，宋兴则名臣辈出。"[1] 随着徽州教育的发展，徽州刻书业悄然兴起，文风昌盛与刻书的发展有密切关系；新安理学崛起，出现了集理学之大成的朱熹；新安医学开始萌芽，出现了张扩、张杲等医学家；汪伯立笔、徽墨、澄心堂纸、歙砚等文房四宝得到发展。按照著名徽学专家叶显恩的理解："宋代徽州以尚文重教来回应首次出现的机遇，通过科举仕宦而进入统治集团，赢得'名臣辈出'的历史性第一回合的成功。"徽文化从产生的时候起，就显示出独有的魅力。

进入元代后，徽文化得以继续曲折发展：从全国来说，汉文化受到压制和打击，徽文化也受到一定的冲击和影响；但由于徽文化在宋代勃兴之后具有强劲之力，因而它并没有消退，根基也并没有受到根本性的动摇，还是保持了发展惯性。朱子之学在钦定哲学中居于显赫地位，被定为科举程式，成为设科取士的指导思想，新安理学得到长足发展。徽州教育持续发展，除了小学、社学以外，书

---

[1] 罗愿.新安志[M].[出版地不详]：[出版者不详]，1888.

院就有29所，比宋代增加了23所，占安徽的65%以上。徽州学人对元政府采取不合作态度，甚至强硬抵抗政府的征召与聘请，对科举功名不屑一顾。徽州刻书进一步盛行，郑玉、赵汸等教育家和胡炳文等学者活跃在各自的领域，为徽文化的发展做出了贡献。

这个时期，徽州历经近300年的发展，经济和文化方面都有不小的进步。南迁的众多中原望族给江南地区的经济发展带来了新的活力，江南一跃成为全国的经济、文化中心。位于江南的徽州也得以高速发展，不再局限于传统的小农作业，商品经济成为新的经济增长点。与此同时，徽文化的繁荣得益于徽州人对于程朱理学的传承和发扬，山越文化在南宋时期已基本见不到记载，取而代之的是比之前先进的宗法制度和儒家礼仪。以理学为主，融合了宗族思想和风水观的徽文化对传统村落的选址、布局、结构、建筑等方面产生了重大影响，许多村落在经济的推动下达到镇的规模，还逐步形成了重视山水环境、尊重自然的建设理念和特色鲜明的徽派建筑风格。

三、繁荣鼎盛期

明代中叶以后，以乡族关系为纽带的徽商发展迅速，资本实力惊人。徽商是徽文化发展的"酵母"，有徽商经济的支撑，徽文化得到了新的发展。据明代嘉靖年间的统计，由于徽商对教育的重视，徽州社学达到562所，书院46所，真可谓"书院林立，社学遍地"。由于教育的发达，徽州科举考试成绩显著，明代就有进士392人。徽州刻书业发展到明代隆庆、万历年间，跃居全国领先地位，成为全国四大刻书中心之一。徽派版画也随之得到发展，徽派版画除了反映在墨谱、诗画谱和笺谱以外，更多地反映在书籍插图中。休宁人胡正言发明的"饾版"和"拱花"印刷术使徽派版画艺术大大发展，使徽州刻书大放异彩。新安医学得到发展，涌现出汪机、徐春甫、汪昂等一批医学家，医著众多。出现了著名数学家程大位等，程敏政、汪道昆等文学家和戏曲家也相继出现，显示了文学艺术的繁荣。"天都画派"的出现，体现了绘画艺术发展达到一定高度。

到了清代，徽文化继续强劲发展。书院新增14所，社学在康熙时期有462所，私塾林立，遍及徽州乡村，出现了"连科三殿撰""十里四翰林""同胞翰林""父子尚书"等科举佳话。文学艺术得到进一步发展，徽州朴学赢得全国性地位，新安画派真正形成，"四大徽班进京"显示了徽剧的魅力，并促进了京剧的形成。

这个时期的徽州传统村落发展达到了鼎盛阶段。在徽文化的影响下，徽州商人成功之后，通常会大力支持家乡的建设。徽商"输金故里"使徽州村落大规模扩展，光绪《婺源县志》卷三十四记载："输本邑城垣银八百两，凡桥梁亭渡无不捐资襄助。"由于资金的充足及商人的慷慨，传统村落得到空前的发展。建筑的修建变得极为考究，徽州村落建筑也越来越多地显示出了自己的风格，"三雕"艺术使建筑水平得到提升，徽派建筑的地方特色展现出来。徽州内部人口流动频繁，新建了许多村落，也有些村落发展到和自身农业生产水平不相符的规模。

四、日渐式微期

徽商由盐业起家，清政府却加强了对盐业等行业的管控，课税、捐输日益加重，因此，以盐业为根基的徽商失去了重要的经济红利。帝国主义入侵，外国资本的进入也削弱了徽商的竞争力，原先靠贸易得到发展的商业型城镇更是损失惨重。太平天国运动时期，受战乱影响最严重的长江中下游地区，正是徽州商帮经营活动的主要区域，徽商家园遭受兵燹，水路交通沿线的村镇被损毁得尤其严重，不但徽商"富藏"被洗劫一空，而且生灵涂炭，许多教育文化设施遭到严重破坏，徽文化元气大伤。除此之外，晚清时移民入徽并没有起到重建战后徽州村落的作用，反而造成徽州的生态恶化。徽商的衰落、战乱的影响以及自然灾害等，天灾人祸使徽州村落陷入了萧条之境。

民国元年（1912），废除了"府"的设置，打破了数百年来"一府六县"的格局。1934年7月，婺源县划归江西省，使徽文化得以存在的地域被肢解。1987年11月，撤销徽州地区，成立黄山市，绩溪县划入宣城地区，徽州地域被进一步肢解，地理概念上的"徽州"从此在中国地图上消失。[1] 当徽州建制和徽州地域一再发生变化之时，徽文化的发展也进入了低迷徘徊阶段。

在建筑方面，近代徽州建筑受西方文化的影响，开始出现异变，传统民居中加入了西方元素，丰富了徽州村落建筑文化的内涵。

五、文化复兴期

随着徽州旅游发展的升温，徽文化研究也开始了，1985年安徽

---

[1] 程君，苏继会，余磊.徽州古民居的地域性解析[J].建筑装饰材料世界，2008（7）：56-67.

省徽州学学会和徽州地区徽州学学会的成立,徽文化开始透露出复兴的曙光。经过几代学者的努力开拓和辛勤耕耘,徽学研究从无到有,逐渐形成了一门新的综合学科——徽学。多次国际性徽学会议的召开,以及各方学术力量的介入,使徽学研究逐渐形成了一股浪潮,各种徽学研究成果如雨后春笋般涌现,徽文化真正走向了复兴发展的道路。目前徽学研究虽然已经取得了一些成就,但很多问题还缺乏系统的研究,而且随着越来越多原始资料的发现和公布,过去得出的许多结论可能还有些片面,需要修正、补充和完善。因此,徽学研究的任务仍然比较艰巨。[①]

基于徽文化研究的背景,也有越来越多的学者开始关注徽州传统村落的发展动态,力求在新的时代背景下探寻徽州古村落的可持续发展路径。2000年,西递村、宏村被列入世界文化遗产名录;2009年,黄山市"百村千幢"工程启动,增长了人们复兴徽州古村落的信心。

由于近几十年来我国旅游业的发展,徽州传统村落的旅游价值得到了重视。传统村落被用来发展旅游业,既可以使徽州传统历史文化得到传承和发扬,又能给徽州地区带来巨大的经济利益。但与此同时,一些传统村落接待游客的数量大大超过了村庄的承受力,部分村民盲目把自己原先的住宅改为商店、客栈等商业场所,破坏了房屋原有的建筑结构,村落的建筑、环境都被严重破坏。如何在发展过程中确保传统村落生命力的延续,需要人们做更深入的研究。

---

① 卞利.明清徽州社会研究[M].合肥:安徽大学出版社,2004.

图 1-10　黟县宏村

第三节
徽州传统村落的地理分布与类型

一、徽州传统村落的总体分布情况

徽州是我国保存传统村落较完整、数量较多的地区，"高高粉墙，幽幽黛瓦"正是对徽州民居的最佳写照，其代表——黟县西递村、宏村是世界文化遗产，明代汤显祖曾道"一生痴绝处，无梦到徽州"。徽州传统村落保存着大量的历史信息，为研究中国古代社会、经济、文化、地理等提供了大量的实物资料。

徽州最早的村落是古代越族人居住的地方，属于原始定居型村落。但徽州境内重峦叠嶂，溪流纵横，黄山、天目山和白际山脉环绕四周，山脉之间形成休（宁）歙（县）、祁门等盆地，源于四周山脉的新安江及其众多支流回环全境，形成闭塞而景色秀美的自然环境，中国历史上三次大规模的人口迁移中有不少人选择定居徽州。南迁大族最初定居点多在盆地及其附近，位于休歙盆地的万安、阳湖、岩镇、古溪、黄墩、潜口等是徽州早期的移民型村落。①

隋代以前，徽州村落主要位于古黟盆地、休歙盆地等。隋唐时期，新增传统村落已不再局限于沿这两个盆地扩展，开始向婺源和祁门等地的山涧谷地扩进，沿新安江、鄱阳湖流域下游和盆地集聚分布，聚集核心仍然是古黟盆地和休歙盆地。宋元时期，新增传统村落虽然仍主要是在休、歙二县，不过新增村落已呈星罗棋布的态势并快速增长，沿主要水系两侧大范围呈带状空间分布，奠定了徽州传统村落的基本格局。明清时期，徽州传统村落进一步扩展，婺源、祁门、绩溪也形成了新的集聚核心，呈现稳定增长的带状、多点集聚空间分布特征，徽州传统村落空间分布格局趋于稳定。②

徽州现存的大部分传统村落主要建于唐代、宋代、明代。被收入前四批中国传统村落名录的徽州村落大部分位于今黄山市，还有一小部分位于原属徽州六县的绩溪、婺源。③

---

① 陆林，凌善金，焦华富，等.徽州古村落的演化过程及其机理[J].地理研究，2004，23（5）：686-694.
② 李久林，储金龙，叶家珏，等.古徽州传统村落空间演化特征及驱动机制[J].经济地理，2018，38（12）：153-165.
③ 编者按：本书从2017年开始策划，因此只研究了前四批中国传统村落名录。

二、徽州传统村落的区域性特征

徽州村落的发展与宗族的繁衍发展同步。清代徽州是一个聚族而居的宗族社会，一个自然村庄往往就是一个同姓宗族成员的聚居之地。一般来说，一个宗族的崛起至少需要 100 年的时间，历经十几代人的繁衍累积。在农业社会，宗族繁衍几乎完全依赖农业生产，耕地是制约村落发展的核心要素。经过几代的稳定发展，到了明代中叶，村落的区域空间分布格局已经基本定型，明代中叶以来的村落都是在此基础上发展起来的，这个时期村落在空间上表现为形态规模的扩大。徽州最初的土地利用格局大约是"八山半水半分田"，耕地奇缺，遂出现"天下之民寄命于农，徽民寄命于商"[1]的社会现象。《徽商便览·缘起》："吾徽居万山环绕中，川谷崎岖，峰峦掩映，山多而地少。遇山川平衍处，人民即聚族居之。"这些"山川平衍处"有两种类型：一是小型山间（沿河）谷地，面积很小，在境内分布广泛，数量占绝对优势；二是山间平原，即较大的山间谷地，面积较大，分布比较集中，数量有限。两种地形的空间分布特点直接决定了村落"大分散、小集中"的区域空间分布特点。

（一）大分散的分布特点

徽州山多平地少，较大的平原屈指可数，在群山之间散布着众多大小不等、山岭环峙、环境闭塞的山间谷地，它们具有"四周环山，盆地居中"的地形特点。山间谷地一般有耕地、水源，安全防

---

[1] 丁廷楗，卢询，赵吉士. 徽州府志[M]. 合肥：黄山书社，2010.

御功能也不错，往往成为宗族定居繁衍的风水佳地，即村落产生和发展的基址。村落的发展规律及其土地利用的特点决定了徽州村落的分布总体呈分散的空间特征。

（二）小集中的分布特点

小集中的分布特点表现在局部区域，村落密集分布，包括平原地区的村落组团分布和沿河、沿交通线的线状密集分布。徽州土地的总体特点是山多平地少，但各县在地形结构上仍有差异，比如歙县、休宁（含屯溪）两县的平原面积就相对较大，而祁门、婺源两县的山地、丘陵则占80%以上，有限的平原地带是村落的集中分布区。

徽州境内的水系主要有新安江及其支流、阊江及其支流、青弋江源头各支流等，它们分别属于钱塘江、鄱阳湖和长江水系。新安江是本区最大的水系，被誉为徽州的"母亲河"，由率水、横江、丰乐河、布射水、富资水、扬之水、昌源河等支流汇聚而成。阊江是昌江河在安徽省祁门县境内的称呼，昌江河发源于安徽祁门县大洪岭深处，流经安徽、江西两省，向南流经景德镇，经鲇鱼山至鄱阳县注入鄱阳湖。青弋江上游支流——徽水，发源于绩溪，是徽商北上长江的重要水道。在这些主要水系及其支流沿岸容易冲积成沿河平原或谷地，沿河地带耕地充裕，土地肥沃，水源充沛，交通便利，容易形成大型村落或商业集镇，除了较大平原（如休歙盆地）处出现村落空间组团现象以外，大部分村落沿河流串联分布。

过去水路交通运输方式占重要地位，徽商商业活动频繁，沿河一带自然易形成大型村落或商业集镇，比如新安江干流沿岸的渔亭、万

图 1-11　新安江

安、渔梁、屯溪等。但陆路的商业交通功能也是不可忽视的,各邑主要陆路交通线同样有发展成名族和大村聚集带的条件,如祁门直达江西的驿道(官道)沿线即分布着许多大型村落。

三、徽州传统村落的主要类型

下文依据徽州村落的主要景观特点,从村落来源、布局形态、功能、地形条件等方面进行分类。

（一）按村落来源划分

陆林教授从发生学和历史学的角度将徽州村落分为移民型和定居型，这一划分实质上客观分析了徽州村落景观历史变迁的主要特点。① 从历史的角度衡量，以徽州为审视主体，移民型村落与定居型村落是徽州村落漫长的演化过程中的两个阶段。

1. 移民型村落。徽州历史上是一个典型的移民社会，移民主要来自徽州之外的中原地区。徽州宗族大多形成于唐宋时期。南宋之前，徽州一直是重要的人口迁入区。南宋至明代中叶，徽州人口基本上处于饱和状态。

东汉至南宋时期，徽州因自然条件优越、人口稀少等因素，外来移民不断迁入，人地关系协调发展。这个时期，徽州境外移民迁入、境内迁移不断，定居形成的村落属于移民型村落，即此后徽州定居型村落形成的基底。此时徽州村落的社会特点是"播迁所至，荆棘初开，人皆古质，俗尚真淳，其卜筑山村，殆有人世桃源境界"，呈现出一派欣欣向荣与人民安居乐业的景象。

南宋至明代中叶是徽州社会、经济、文化和村落的稳定发展期，耕读传家是这个时期的主要社会景象。据《歙县风土论》记载："国家厚泽深仁，重熙累洽，至于宏（弘）治，盖綦隆矣。于是家给人足，居则有室，佃则有田，薪则有山，艺则有圃。催科不扰，盗贼不生，婚媾依时，闾阎安堵。妇人纺绩，男子桑蓬，臧获服劳，比邻敦睦。诚哉一时之三代也，岂特宋太平、唐贞观、汉文景哉！"

2. 定居型村落。徽州绝大部分村落是由移民型村落稳定后，通

---

① 陆林，凌善金，焦华富. 徽州村落[M]. 合肥：安徽人民出版社，2005.

过宗族裂变扩散而来的。南宋以降，徽州人口增长迅速，人口容量不断趋向饱和，人地之间的矛盾不断加剧。人口的膨胀和土地的过度开发，使徽州境内的人口流动受到严重制约。明代中叶，徽州人地关系矛盾彻底激化，加速了徽商的发展。从商人员外流，使本区转化成重要的人口输出地。徽商的兴盛重构了社会结构和经济结构，徽州因此蜕变成一个典型的寄生型区域。在明代中叶至清代乾隆末年的300多年时间里，徽商一直致力于桑梓的发展，不断推进村落建设。明清两代，徽州村落的总数量变动不大，绝大多数村落是在明代中叶以前村落的基础上发展而来的，属于典型的定居型村落。

徽商的兴盛是徽州历史上的一个重要节点，社会为之大变，村落风貌也随之焕然一新，家谱、方志多有记载："今寓内乔木故家相望不乏，然而族大指繁，蕃衍绵亘，所居成聚，所聚成都，未有如新安之盛者""每逾一岭，进一溪，其中烟火万家，鸡犬相闻者，皆巨族大家之所居也。一族所聚，动辄数百或数十里，即在城中者亦各占一区，无异姓杂处""入歙、休之境而遥望高墙白屋""徽俗，士夫巨室，多处于乡，每一村落，聚族而居，不杂他姓。其间社则有屋，宗则有祠……乡村如星列棋布，凡五里十里，遥望粉墙矗矗，鸳瓦鳞鳞，棹楔峥嵘，鸱吻耸拔，宛如城郭，殊足观也"。婺源也有"五乡富庶，楼台拔地，栋宇连云"的村落景象。由此可见，徽商兴盛时期的村落特点是富丽堂皇、宛如城郭。

经过长期的历史演变，至明清时期，徽州村落基本上都转化为定居型村落，这些村落的来源主要有以下两种模式：一是结庐守墓而成，即宗族分派本族成员轮番看守祖先陵墓（又称"阴宅"），并在墓地周边结庐生活，此后相继不辍，子孙延绵，尔后使"阴地"之吉地转化成"阳宅"之吉地，逐步发展成村落。这类村落并不少见，包括一些名族大村，如昌溪、篁墩、潭渡、理坑等皆因结庐守墓发展而来。二是宗族繁衍裂变，如同细胞分裂，由一个宗族（母族）分裂形成众多宗族（子族），子族迁移形成新的母族和村落，如此循环往复。

宗族裂变方式主要有因宦游而裂变、因避地而裂变、因择胜而裂变、因指众而裂变、因出赘而裂变和因隐居而裂变等6种，此外还有因依附亲戚、教授异地而裂变者。宗族裂变主要发生在明代以前，明清时期，徽州大部分定居型村落的产生基本都遵循上述模式。值得注意的是，宗族的分裂扩散并非局限于徽州一隅，周边甚至更远的地区都有可能成为子族迁移的目的地；但是呈现明显的空间递减规律——随着迁移半径的扩大，子族前往的数量不断下降。徽州人也因此与周边地区的人们自始至终保持着较强的血缘关系，为此后徽文化的传播奠定了基础。[①]

（二）按布局形态划分

徽州村落在形态上以集居型居多，且规模较大，这与地形复杂、耕地奇缺的自然背景，以及重宗法（聚族而居）、经商成俗、笃信风水等历史文化习俗有一定关系，在很大程度上是摆脱农业生产方式束缚的结果。集居型村落一般呈不规则几何图形，内聚性和向心性非常明显，按形态可细分为团状、带状、梯形、点状和象形等村落类型，但都遵循因地制宜和就山势、顺水流布局发展的村落模式。在景观方面，村落内部人工空间与外部空间、村落与外界自

---

① 赵华富.徽州宗族研究[M].合肥：安徽大学出版社，2016.

然环境都存在较明显的界限。

1. 团状村落。也称作"块状村落",特征是从平面形态上来看,东西轴与南北轴长度基本一样,或者整个村落形状与长方形类似。团状村落在徽州集居型村落中占多数,一般分布于较大的山间盆地、谷地中间且水源充沛地带,如新安江及其各大支流沿岸地带。团状村落具有密度与规模较大、村落景观体系完整、景观形态内聚性强等特征。

2. 带状村落。也称"线状村落",一般分布于山麓、狭长谷地的沿河阶地,平原沿河水路交通集散地也易于发展成该类型。带状村落一般是受地形制约,被动发展而成。比较著名的带状村落有灵山(今徽州区灵山)、瞻淇、扬溪等,交通集散地有万安、渔梁等。

3. 梯形村落。其形态完全由地形条件决定,一般坐落于山坡之上,顺山就势扩展,呈阶梯状。这种村落布局大致有两种形式,即主要走向与等高线平行或垂直,不同布局情况决定了村落主要交通街道的走向。同样受地形限制甚至水源制约,梯形村落规模一般比团状村落小,发展受一定限制。比较有代表性的梯形村落有绩溪磡头、仙川,黟县塔川、木坑等。

4. 点状村落。在所有的村落类型中,点状村落规模最小,村落的景观要素较单调,一般由几户或几十户聚居而成。从形态上看,点状村落是块状村落的缩小版,建筑集中且内向性较强,但两者在性质上却截然不同。点状村落大多拱卫分散于集居型大村边缘的狭小地带,在空间形态上与大村形成"村—庄"的景观。点状村落对中心大姓宗族村落存在依附,依靠服务大村生存,是一种典型的寄生型村落,其发展因受到大村的强烈制约,一般不能成长为大村。形成这种格局的原因在于封建土地制度:明清时期徽州盛行佃仆制,土地所有权和使用权出现分离，大量失去土地的农民被迫沦为佃仆，佃仆缘村聚族而居。西递村、南屏村、宏村等强族大村周围都集聚着大量的寄生型村落。程姓大村六都周边即环绕着芳村、韩村、朝屋口和黄家坞等小姓村落，多系旁姓，或因入赘程姓，或为程姓庄佃、仆人，皆在六都所建村落基础上发展而来。点状村落地位极低，附属于大村。另外，还有少数村落由于人丁不足、商业不振、宗族竞争等主客观因素而未能发展起来，最终也可能沦为点状村落，但不一定依附于中心大村，如瞻淇村边的孝女村、呈坎村边之朱村等。

5.象形村落。象形村落在形态上属于块状村落的特殊类型，是宗法制度和风水模式的综合表现，在景观上极具地域特色。象形村落实质上是一种"意象"图形，是在风水师的指导下依据山川形势规划设计而成的，并刻意将村落平面形态模拟成一些富有象征意义的图案，借此祈求宗族兴旺发达。徽州人匠心独运，创造了许多象形村落，根据其意象图形，大致可分为三类：一是动物类，如牛、鱼、马、龟、猪、蝴蝶、凤凰等；二是植物类，如荷花、梅花、葫芦、海棠等；三是非生物类，如船形、棋盘形、八卦形、铜钱形、元宝形、铜锣形、琵琶形、竹筏形等。比较经典的象形村落有黟县牛形宏村、船形西递村、塔形塔川村等；歙县鱼形渔梁村、卖花渔村，八卦形呈坎村（今徽州区呈坎村），龙形唐模村（今徽州区唐模村），铜钱形里方村，"九龙戏珠"形槐塘村等；绩溪棋盘形石家村、船形龙川村（大坑口）、荷花形浒里村、梅花形尚田村等；休宁燕子形首村；婺源铜锣形豸峰村等。象形村落是徽州村落文化的重大特色，它是规划设计者的世界观和意愿祈求的表征，也是一种心理暗示。

（三）按功能划分

明清两代，徽州内经商成风，造成社会整体职业结构发生剧变，经济结构出现异化。此时，本土的"小徽州"与本土之外徽商活动的大本营"大徽州"①形成了一种寄生与被寄生的关系。徽州本土基本摆脱了自然经济的束缚，蜕变成一个寄生型区域。依靠徽商接济而迅速发达的村落演变成寄生型村落。再加上徽州佃仆制盛行，村落空间分层的现象更加严重：第一层是大姓大村，依赖徽商"输金故里"维持生存；第二层是围绕大村的小村（庄），依靠为大村提供服务而维持生存。徽商兴盛后，村落景象焕然一新。基于此，以主导性原则为基础，按照徽州村落的主要功能和景观特点，将村落划分为居住型、商业型、综合型、庄户型四种类型。但这四种类型之间并没有绝对的界限，有许多要素是相同的。

1. 居住型。徽州村落的主要类型，其特征是规模大，一村一姓或几姓，一般宗族中为官、经商者甚多，虽然摆脱了农业生产方式的束缚，但农业生产并没有中断，农业景观带非常明显。代表性村落一姓者如西递村、许村、渚口村、龙川村、黄村、理坑村、江村等，多姓者如唐模村、南屏村、岩寺村、潜口村等。

2. 商业型。因作为陆路交通要道或水路交通枢纽而形成的以商品集散为主要目的的聚居地，村落一般沿河呈带状布局，村落内部商铺建筑密集，甚至有码头，商业交易往来频繁，商业景观尤其突出。典型村落有渔亭、万安、屯溪、岩镇、渔梁、深渡等。古时水路是徽州重要的货运方式，沿河交通集散地容易发展成规模较大的

---

① "大徽州"主要指江南沿长江和运河一带的市镇。

集镇，即商业型村落。

3. 综合型。这种村落相对较少，通常集居住、交通、集市、庙会等几种功能于一体，村落内部商业街、商铺、大型庙宇等建筑景观比较齐全。综合型村落的集市或庙会活动的区域性和时令性较强，因此仍然以居住为常态功能。在古徽州，歙县潜口、灵山、呈坎以及休宁商山等大型村落都是比较著名的综合型村落。综合型村落的成因与其功能相对应，一般由居住型村落演化而来。

4. 庄户型。又称作"庄"（即上文的点状村落），规模较小，依靠服务于大型村落生存。据嘉庆《黟县志》记载："黟俗族居者曰'村'，其系属于村者曰'庄'……前人重族姓，其有系属者所居，俱不得入志。"可见"庄"的地位很低，即庄仆、奴仆所聚之地。庄仆、奴仆没有人身自由，与大村地主存在严格的主仆关系，且不得与地主同村居住。庄仆、奴仆世袭，难以翻身，属于被压迫阶级。在徽州"村—庄"格局中，"庄"附属于大村，村、庄之间存在严格的等级关系，两者不是孤立存在的，而是一个被寄生与寄生的，充斥着物质、能量交换和主仆关系的有机体。"村—庄"共存的现象非常普遍，西递、宏村、南屏、呈坎、六都等大型村落周围都聚集着大量庄户型村落。

（四）按地形条件划分

古徽州人笃信风水，村落的选址有固定的模式，讲究负阴抱阳、依山傍水，山和水（河）是必不可少的。根据徽州复杂的地形、地貌特征，大体可将传统村落分为山地河岸村落和平地河岸村落两种类型。

1. 山地河岸村落。一般坐落于山坞、山麓、隘口、交通要道边。山坞、山麓近水，易灌溉和排水，是村落形成的理想之地。山地河岸村落的空间分布相对分散，难以形成较大的集群。通常与交通关系比较密切，在道路交会点或物资集散地容易发展成大型村落。山地河岸村落受地形、地貌、交通等限制，规模一般不大。上文中提到的点状村落、庄户型村落在山地河岸村落中占很大比重，这是因为失去土地而沦为庄仆的农民依靠为大村服务维持生计，只能在大村可控制范围之内的山坞、山岭、山麓等地建村，形成数量较多的小型村落。徽州许多村落地名中带有山、坞、岭、坑、峰、尖等名称，如灵山、前山、后山、阴山、大麦坞、岭南、赤岭、木坑、三阳坑、凫峰、璜尖等，地名直观反映了村落布局的地形特点。

2. 平地河岸村落。一般坐落于河曲凹岸（河漫滩）、河口、渡口、水流汇合处、河流冲积扇等地，此类地区通常具有地势平坦开阔、水资源丰富、交通方便和土地肥沃的特点，有发展成大村落的先天条件，多由大姓望族占据。随着商业经济的发展，一些村落发展成功能齐全的大型集镇、商品集散地或区域性经济中心，譬如屯溪、华阳、临溪、北岸、岩镇、潜口、昌溪、深渡、西溪南、溪口、渔亭、西递、宏村、古溪、呈坎、江湾、思溪等。平地河岸村落地名通常与溪、湖、潭有很大渊源，如屯溪、绩溪、高溪、尤溪、瑶溪、溪口、小溪、昌溪、棉溪、西溪南、流口、北岸、兰渡、深渡、阳湖、川湖、漳潭、月潭、冰潭、潭渡等，地名中明显带有"水"的印记。

1000多年前，古人在村落选址、营建、建筑造型，以及在平面与空间建筑规划中所透露出来的才智和重视自然的精神，值得我们在建设当代城市景观和新农村景观时学习与借鉴。"天人合一"是徽州传统村落景观理念的主题，对于当代新农村建设不仅有选址上的指导意义，还有人与自然和谐统一的参考价值。所谓的"农村城镇化"不应该是我们一味追求的方向，而是应该注意保持天、地、人之间的和谐关系。在当代中国，不能将民居建筑简单地现代化，也不能将古村落与新农村完全隔离开来，而是应该使美丽的山水、保护传统村落与发展经济、提高百姓生活水平相协调。随着城市化的不断推进，如何保护和利用古村落的自然景观与人文景观价值，将是值得我们深思和研究的。

第二章

中国传统村落文化抢救与研究
文化区系列

Chinese Traditional Villages

徽州传统村落的成因

第一节
自然因素对徽州传统村落的影响

一、河流因素的影响

河流是村落形成、发展必需的自然条件。一般而言，村落应建在水源充足、取水比较方便的地方，而这些地方并不多见，因此在水源地常形成较大型的村落。而水源时虞匮乏之地，易产生散居型村落。徽州境内新安江、阊江、青弋江等水系纵横。徽州为新安江的发源地，主要河流多属新安江水系，如率水、横江、丰乐河、布射水等。新安江及其主要支流流经山间盆地中部，河流两侧阶地为村落发展的理想之地。

徽州地处亚热带湿润季风气候带，年平均降水量在1500毫米以上，使徽州水系发达、河网密布，地表水资源丰富。一般河流上游河段地处中山区、中低山区，纵比降较大，河水流速较快；而下游地区，特别是一些较大的河流中下游河段进入山间盆地、山间谷地后，地势平坦，河水流速变慢，适合作为人们生产、生活用水，适宜人类聚居。登源河是绩溪境内第一大河，发源于长坪尖南麓，全长55千米，上游称逍遥河，处于逍遥溪峡谷中，水流湍急，上游流程12千米，比降38.6‰；中游流程约20千米，河床比降明显降低，中游河段比降约4‰；下游河段谷地较宽，小溪众多，河漫滩发育，其中有一河段的河水南流转北流，500米直线距离内形成了4000米长的河曲。登源河谷地中分布着许多村落，特别是下游谷地，下游 20 千米左右的河流谷地分布着数十个村落，其中有七个大中型村落，著名的龙川就位于河流下游谷地之中。

徽州地下水资源十分丰富。如歙县境内的新安江及其各支流河谷地，水位埋深一般为 0.6—9.5 米，含水层厚 1.10—8.86 米，单井流量可达 10—3000 吨/日，矿化度达 0.034—0.734 克/升。境内休歙盆地的岩寺、桂林一带地下水单井流量达 10—100 吨/日，矿化度达 0.09—1.40 克/升。丰富的地下水便于村民掘井取水，井水是徽州村落主要的饮用水源，比如西递村有水井 90 多口。[①] 绩溪境内处于山间盆地、山间谷地的村落，多者一村数十口井，登源河畔百余户的水村清代有井 72 口。绩溪县著名古井有旺川灵井、宅坦龙井、仁里四井、黄茂坦官灵泉井、湖里中井和浒里三眼井等，井水清冽甘甜，冬温夏凉，大旱不枯。

徽州山地之间的平川和丰富的水源为集居型村落的产生与发展提供了重要的物质基础，山间盆（谷）地与河流两者往往相伴。从发生学的角度来看，山间盆地、谷地为河流提供了较广泛的汇水面积，为河床提供了较大的空间。同时，河流又进一步塑造了山间盆地、谷地，特别是中下游河流的堆积作用，形成了山间盆地，谷地丰厚、土层肥沃。因此，徽州较大的山间盆地、谷地一般都有较大的河流，较大的河流必然塑造出较广阔的平川。

古代陆路交通不便，河流不仅是水源，还是对外交通联系的便利通道。因交通便利形成的较大集居型村落，有些进一步发展成集镇。休宁龙湾位于颜公溪与率水汇合处南岸，经水路南可到五城，西通溪口，东经屯溪入新安江可达杭州，陆路又是婺源县至州治的

---

① 陈旭东.徽州传统村落对水资源合理利用的分析与研究[D].合肥：合肥工业大学，2010.

图 2-1　徽州河流边的村庄

驿道，过去是休宁县南部重要的货运码头。交通便利使龙湾成为休宁重要的村镇，古时镇上曾有各类店铺 20 多家。流口位于休宁县西部边陲，因大源河、小源河汇流而得名，元代已有村落。因处于率水上游，乘竹筏、木筏可通江潭、溪口，历史上附近山区外销的竹、木、茶和购进的粮、盐等货物多经此水运，物流、人流集散使流口成为休宁县西部重要集镇。

二、地形因素的影响

山环水绕的自然地理环境使徽州的地域文化景观整体上呈山水相济、天人合一的宏观意境，传统村落依山傍水、星罗棋布，形成"山居十之八，水居十之二"的地域景观。

（一）地质构造对徽州地形、地貌的塑造

从地质构造来看，徽州曾是"江南古陆"的一部分。在遥远的古昔，它历经多次地质构造运动，尤其是在中生代白垩纪时，岩浆活动频繁。江南古陆的东部，在地壳运动中被冲破，喷出大量的流纹岩流。在皖南地区，由于岩浆未喷出地表而在地壳中凝结，形成巨大的花岗岩侵入体。地壳强烈的断块分异运动导致隆起区形成山地，断陷区则成为山涧河谷盆地。[1]第三纪末以来，活跃的新构造运动提高了它的绝对高度和相对高差。黄山岩体经过多次轮回间歇抬升，形成众多海拔千米的陡峻山峰，比如黄山主峰莲花峰的海拔就有1864.8米。同时，寒冻风化和流水剧烈切割，塑造出奇峰巧石，比如黄山就素以"奇松、怪石、云海、温泉"四绝著称于世。黄山山脉于徽州北部构筑了徽州的地形骨架。徽州中部古称"白岳"的齐云山脉是一组断块山，虽就海拔而论，多数山峰不过三五百米，但相对高差则有二三百米，崖壁直峭，又直逼河谷低地。据《齐云山志》记载，因"一石插天，直入云汉"，故名"齐云"。齐云山号

---

[1] 夏天.徽州建筑文化在当代建筑设计中传承研究：以岳西县"四馆一中心"方案设计为例[D].合肥：安徽建筑大学，2015.

称有三十六奇峰，七十二怪岩，还有石洞、幽涧、湖池、飞泉。它的山体由红砂岩和砾岩互层组成，属不可多得的"丹霞地貌"。《徽州府志》中赞："齐云岩与武当雄埒。"黄山、白岳声誉之隆，几成徽州的代名词。汤显祖的诗句"欲识金银气，多从黄白游"中的"黄白"，即以黄山、白岳指代徽州。此外，徽州东部绩溪、歙县有天目山余脉及其延伸至歙县、休宁境内的白际山脉。西南祁门、婺源、休宁境内由西向东走向的五龙山脉，主脊平均海拔900—1000米，为浙庐二水发源地，亦为《山海经》中记载的"三天子都"所在地。

（二）地形对传统村落布局形态的影响

一般而言，地形是影响村落布局最重要的自然因素。地势开阔、地形平坦之地有利于集居型村落的形成。平原、河谷以及低位河流阶地土地肥沃，开发历史悠久，可以容纳众多的人口，适合集居。华北和东北平原一些集居型的村落人口可能有上千甚至数千人。地形复杂的山区，土地有限，耕作环境不足以维持大量人口生活的需要，难以促成集居型村落的形成。同时，山区居民为了避免住宅占用有限的良田，多选择不适于耕种的山麓等地带建立村落。山区交通不便，村民为了利于耕作，常在所属耕地附近结草为庐。因此，在山区等地形复杂的地区，散居型村落更多。

徽州地处万山环绕之中，但山脉之间不乏盆地和谷地，其中休歙盆地是最大的山间盆地，徽州府城、歙县县城、休宁县城等都分布于该盆地边缘地带。"甲族蝉联，人文鹊起"的歙县岩镇，"小小休宁城，大大万安街"的休宁万安都位于休歙盆地。古时岩镇已是

"百货俱集,舆马负载,往来如织"。据明代《新安名族志》记载,万安曾是俞、汪、任、吴、戴、黄、何、闵、邵、曹、游等11个大族的聚居之地,同时作为休宁县重要的水运码头,往来行畜众多,渐成集镇。

除了休歙盆地以外,徽州还有许多大小不等的山间盆地、山间谷地以及山前冲积扇。绩溪县有山间盆地86平方千米,较大的有华阳盆地、芦昆常盆地、荆州盆地、伏岭盆地、胡家盆地、板桥盆地和磡头冲积扇等,绩溪县城及一些较大的村落几乎都位于上述山间盆地中:绩溪县城位于华阳盆地;胡适故里上庄位于芦昆常盆地西端,是胡姓集居的大村,目前仍保存着不少清代建筑;号称绩溪七都首村、曹姓集居大村的旺川位于芦昆常盆地中部;富有传奇色彩的石家村今属旺川乡,也位于芦昆常盆地中部;建于唐代,至今尚存明清民居数栋、水街古桥13座、石牌坊2座的冯村,位于芦昆常盆地的东北部;享有进士村盛誉的龙川村位于登源河谷地中部;许姓聚居大村磡头位于磡头冲积扇。

黟城盆地是黟县最大的盆地,总面积90多平方千米,不仅县城碧阳镇位于该盆地,黟县现在保存较好的大村落不少也位于其中。碧山村位于盆地的东北部,屏山村位于盆地的东南部,南屏村、关麓村位于盆地的西南部。际联盆地是黟县第二大盆地,面积6.5平方千米,著名的宏村位于该盆地的中部地区。除了两大盆地以外,黟县还有翠岭盆谷、江(溪)柯(村)盆谷、胡门盆谷、美(溪)庙(林)盆谷、蓝湖盆谷、宏(潭)杨(林)盆谷等。

除了位于县境内的休歙盆地以外,休宁较大的山间盆地还分布于五城、龙湾、孚潭等地。分布于这些地方的村落一般建村早,规模大。例如地处州治至婺源驿道上的五城,宋代《新安志》即有

图 2-2　绩溪县龙川村

"五城村，古之大镇"之说，元代设"五城务"，明、清时期均设置"五城铺"，聚居着以黄姓为主的 10 余个大族。古时五城主要街道长约 3 里（1 里 =500 米），集中了南北杂货、山货、茶号等行业的大店铺数十家，目前五城仍保存古牌坊 1 座，明代建筑 3 处。

徽州首县歙县的平地主要分布于休歙盆地，分属练江谷地和浙江—新安江谷地两部分。前者面积 112.5 平方千米，后者面积 26 平方千米。歙县不少有名气的村落分布于此，例如岩镇、潜口、棠樾、唐模、江村、郑村、富竭、西溪南、黄墩、雄村等。《新安歙北许氏东支世谱》所称城北四十里的旉溪，即现在许村，旉溪为古名，南唐吏部尚书许儒自河南许州迁此后，改称许村。许村位于黄山箬岭关南麓、富资水上游盆地，四周山峰林立，盆地面积较大，许氏宗谱称其"平畴沃野不啻数千亩，四山环合如城"，于是在此"平畴沃野"建起了"第宅栉比鳞次"的集居型村落。

  为数众多、规模较大的徽州山间盆地和山间谷地为集居型村落提供了良好的生存与发展空间。进一步考察可以发现，徽州村落在山间盆地、山间谷地的布局也很有特点，村落往往位于盆地、谷地边缘地带，而不是盆地、谷地中央。这可能基于两点考虑：其一，山间盆地、山间谷地边缘地带是平地与山地交接地带，地势较高，很少遭受洪水的侵害，在此建村可以免遭洪水之灾；其二，在盆地、谷地边缘建立村落可以利用高地、坡地，节省非常珍贵的盆地、谷地中的耕地。徽州众多山间盆地、山间谷地的边缘地带成为建村最适合的地方，处于"背山临田畴"位置：村落建在山麓地带，田畴一直延伸到村的边缘。盆地、谷地虽然比较平旷，但处于山地与盆地、谷地交接或过渡地带的村落不免有一些起伏错落的变化，民居多顺应地形随高就低，朝向也不尽一致，整体上既曲折又高低错落，颇具自然美感。村落紧紧贴近田畴，有些村落还有水塘穿插其间，水塘里常常有鹅、鸭一类的水禽。于是，一年四季随着时节的更迭，田畴里农作物季相交替变化，春华秋实，村落往往呈现出生机盎然的田园风光。这种生机盎然的田园风光、生活情趣为古代文人雅士所向往、追求，并借诗词歌赋来抒发自己的情怀。①

---

① 陆林，凌善金，焦华富.徽州村落[M].合肥：安徽人民出版社，2005.

三、气候因素的影响

徽州属于亚热带湿润季风气候。夏季无酷暑，冬季非严寒，日照时数相对周边地区要少。气温较低，积温较少，多云雾。降水丰富，但降水季节分配极不均衡，4—7月的降水量竟占全年的五至六成。8月以后，降水量又显著减少，容易出现秋旱。这种气候影响了徽州的自然环境，进而影响着徽州村落的形成、发展和演变。

（一）气候对村落景观及选址的影响

得天独厚的自然景观，既为村落园林化奠定了基础，也是吸引士族迁徙的重要原因。徽州素以奇峰、怪石、清溪、流泉、飞瀑、古树、云雾称绝。自然环境决定了徽州村落基本依山、临水而建，大自然慷慨赐予徽州他地难以企及的景观。

"山水奇秀，称于天下"，为徽州村落园林化奠定了基础。明人钱澄之在《黄檗山居记》中反诘吴地之人笑其家乡桐城龙眠山园亭简陋时说："吾乡有真山水，何以假为？惟任真，故失诸陋，洵不若吴人之工于作伪耳。"正是由于徽州得天独厚的"真山水"，才无须"工于作伪"。徽州很多村落只是在自然景观的基础上稍事修整，便使"全村同在画中居"。无论是被誉为"中国画里的乡村"的黟县塔川、电影《卧虎藏龙》竹林斗剑拍摄地黟县木坑竹海，还是婺源港头村十里桂花树坞、二十里桃溪，或是"有六朝烟水气味可与游观"的唐模，无不与山水环境有关。明代文震亨认为"居山水之间为上，村居次之，郊区又次之"。徽州村落则大多能整体融于山水之间，达到居山水间与村居的统一。

第二章 | 徽州传统村落的成因

图 2-3 黟县木坑竹海

徽州"人行明镜中，鸟度屏风里"的秀美山水，是吸引北方士族迁徙至此的重要原因。歙县金山洪氏聚居环境是"山磅礴而深秀，水澄澈而潆洄，土田沃衍，风俗敦朴"，洪氏始迁祖洪显恩为"避喧就肃，择胜寻幽，始居于此"。稍检徽州谱牒就会惊异地发现，很多名门望族的族谱在叙及宗族起源时，都在重复着同样的经历：某始迁祖偶然见此处山清水秀，慕之，遂举家迁徙。黟县西递胡氏，绩溪涧洲许氏，婺源庆源詹氏、桃溪潘氏、延村金氏均为例证。在中国封建社会，宗族的繁衍兴旺被视为家族头等大事，徽州人深信优美的自然环境影响着宗族的发展。绩溪盘川王氏宗族聚居环境为"狮山拱峙，澄水潆洄，古木参天，良田盈野"，王氏笃信这样的自然环境能"族众繁衍，合村而居，敬业乐群，雍雍睦睦"。①

（二）气候对徽州村落民居形制的影响

民居的基本功能是御寒、保暖、避雨、遮阳、防潮、通风、防风、散热等，由于各地气候不同，各地的传统民居在诸多方面存在差异。温暖湿润的气候对徽州民居形制产生了很大的影响，表现在居住功能、建筑密度、庭院面积、屋顶坡度、外墙颜色、民居样式等。徽州典型的内天井四合院式楼居建筑模式便是对温暖潮湿的气候环境适应的结果。

由于徽州地处温暖湿润的南方，民居在体量和墙体厚度上宽敞高爽，主要是为了遮阳、避雨、散热、通风、防潮等。在建筑密度方面，为了防止过多的日晒，徽州村落的建筑物间距很小，甚至发展到借助彼此之间的遮阳作用来获得尽可能多的阴凉空间。院落的进深较小，表现为狭长的天井。徽派民居的天井，是由正屋和高墙围合而成的面积很小的方形露天空间，是北方庭院在南方自然条件下的变形，具有通风、采光、排水、观天、置放盆景花木和提供共享空间等功能。天井下方的汇水池很有讲究，平整的石板下面有块石、卵石和木炭层，既不会使汇水池积水，又使外排水经过了木炭层的净化。徽州降水多，民居屋顶坡度较大，利于雨水下泄，可防雨水渗漏，隔阳暴晒。屋檐出檐较深，既有利于保护墙体，防雨防

---

① 朱永春.徽州建筑[M].合肥：安徽人民出版社，2005.

图 2-4
徽派民居中的天井

晒，又有利于在屋檐下劳作、休憩、就餐、会客。由于光照强，气温高，出于反射阳光的需要，以减少墙体对太阳辐射的吸收，达到降温的目的，村落的外墙多为白色。最终形成了徽派民居粉墙黛瓦的典型特色，黑白对比，使黑色更黑，白色更白，在蓝天青山的映衬下十分素雅，与山清水秀的自然环境也十分协调。

四、其他自然因素的影响

因经济、交通等条件的制约，传统民居往往就地取材，建筑材料因地制宜。徽州的地形、地貌、气候，以及地少人多、土地贫瘠的状况不大利于种植农作物，却很适合多年生林木、茶叶、竹的生长。徽州林木资源丰富，杉树、梓树、松树、桐树等木材被广泛用于建筑的木构架、楼板、家具和雕饰。徽州传统民居多为梁架式木结构建筑，节点榫卯结合，刚柔相济，有"墙倒屋不倒"之效。徽州还有丰富的石材，如青石、花岗岩等，以黟县黑色大理石和石灰石为佳，用于建筑和雕刻，造就了门楼、牌坊、桥梁、石板街等特色景观。

大量的林木资源和石材为徽州民居建造提供了丰富的原材料，形成了典型的砖木结构的楼居式建筑。造型大同小异：高墙、深院、小窗，对外封闭隔绝；外墙高于屋面，低处不开窗，高处偶有小窗；砖木结构，多为二层楼房（三层楼房已不鲜见，如在国家历史文化名村呈坎村，有三层两进的明代民居"燕翼堂"，五幢三层的明代民居"下屋"等）；盖房先立构架后砌墙，构架以穿斗式为主，穿斗、抬梁组合式为辅；木柱架在石磉上，硬山式，无台基；二楼天井周边置飞来椅（又称"美人靠"）。虽然徽派民居是砖木结构建筑，但是为了防火，做到了"外不漏木"：大门门框为条石构筑，门扇通常用铁皮包裹或钉上水磨青砖，窗框为石质或砖质，窗扇为可以推拉的水磨青砖，一楼地面多为"三合土"构筑，二楼楼板上铺装水磨青砖。

此外，徽州人还利用丰富的资源，加工成多种多样的屋饰，其中以"三雕"最为多见。"三雕"屋饰是徽派民居特色之一，主要采用徽派木雕、石雕和砖雕装饰屋宇。隔扇、窗棂、裙板、斜撑等多用木雕，漏窗、门窗楣罩多用砖雕或石雕。图案取材广泛，主要包括神话传说、历史事件、飞禽走兽、花卉祥云等，多借图案的造型、寓意或谐音表达房主的美好意愿。

第二节
文化因素对徽州传统村落的影响

一、程朱理学的影响

（一）程朱理学对徽州人思想观念的影响

理学即宋代以后儒学的变体，在南宋理宗时期被钦定为官方哲学，此后占据意识形态统治地位长达几百年，对中国文化进程产生了深远影响。徽州乃"程朱阙里"，受理学熏陶颇深，并将其继承发展为"新安理学"。南宋以来，徽州儒风独茂，人才辈出，人文荟萃，形成许多著名的学术流派和文化品牌，声名远播，被誉为"东南邹鲁"，这与理学的昌盛有重要关系。朱熹是理学集大成者，在徽州享有与孔子同等的地位。他将宗法伦理提高到"天理"的高度，各大宗族对他推崇备至，将其所著《家礼》（以三纲五常为指导思想和基本原则，号召加强礼治，强调伦理秩序）奉为圣典，视为行动指南，写入族规家典，自此理学彻底实现了世俗化。鉴于理学的影响，有学者认为理学是徽文化的理性内核。理学深刻影响了徽州人的价值观，三纲五常、三从四德、忠孝节义、"官本位"等儒家伦理纲常和思想观念深入人心，使理学在学理上和实践中都得到了淋漓尽致的发挥，正如《茗洲吴氏家典》所载："新安为朱子阙里，而儒风独茂，岂非得诸私淑者深欤……我新安为朱子桑梓之邦，则宜读朱子之书，取朱子之教，秉朱子之礼，以邹鲁之风自待，而以邹鲁之风传之子若孙也。"

（二）程朱理学在徽州村落景观的体现

明清时期，在理学的指导下，凭借宗族势力和徽商财力支持，徽州教育出现了空前繁荣的局面，遍布徽州城乡的各级各类教育机构是主要体现之一。部分教育设施至今仍保存完好，成为徽州城乡重要的文化景观，向人们昭示着昔日繁荣的教育盛况。

正如元代休宁学者赵汸在《商山书院学田记》中所说："新安自南迁后，人物之多，文学之盛，称于天下。当其时，自井邑田野，以至于远山深谷，民居之处莫不有学，有师，有书史之藏。其学所本，则一以郡先师子朱子为归。凡'六经'传注，诸子百氏之书，非经朱子论定者，父兄不以为教，子弟不以为学也。是以朱子之学虽行天下，而讲之熟、说之详、守之固，则惟新安之士为然，故四方谓'东南邹鲁'。"教育发达，必然人才辈出，其中不乏名臣巨贾。徽州极力倡导理学，这也是徽商成为"儒商"的根本原因之一。那些归隐乡里的官宦、商贾和文人雅士，以清高和超脱的心态构思、营建、装饰家园，极大地丰富了村落景观的文化内涵和意象。

义学、塾学和社学是明清时期徽州的初等教育机构，是明清徽州府学、县学和书院教育发展的基础和补充。明代统治者在"治国以教化为先，教化以学校为本"的思想指导下，除了大力兴办太学和府学、州学、县学以外，又于洪武八年（1375）在全国推行社学之制。同年，徽州府六县"于邑之坊都，居民辏集之处"，共设社学462所，其中歙县112所、休宁县140所、婺源县140所、祁门县27所、黟县13所、绩溪县30所。之后，社学屡有废兴，发展十分曲折。清代统治者虽然屡屡下令恢复社学之制，但由于地方政府财力所限，徽州社学始终未能恢复到明初的规模。在社学逐渐衰落的同时，义学和塾学正式取代社学成为徽州蒙养教育的主体。[1]

书院是我国古代特有的一种教育组织形式。书院之建始于唐代开元六年（718），置学士、侍读学士、修撰官等，职责是收集整理、校勘修订图书，供朝廷咨询，兼做皇帝侍读、侍讲，类似于宫廷图书馆。唐末五代，士子多隐居避乱、读书山林，后发展为著书授徒讲学，常以书院命名读书讲学之地，遂演化为一种教育组织形式。这种教育组织形式一般由私人创办或主持，也有家族、民间出资筹办的，多数得到朝廷和地方官府的鼓励与资助。北宋时期，书院有了进一步的发展。南宋时期，书院的勃兴与理学有着密切关系：理学家创办书院或讲学，促进了书院的兴盛；书院的讲学和其他学术活动又进一步推动了理学的传播和发展。

据《礼记·曲礼》记载："君子将营宫室，宗庙为先，厩库为次，居室为后。"就是说在规划设计房屋时先考虑祠堂，其次是牲口棚（因为祭祀时要用牛、羊、豕）和库房，最后才是居室。朱熹在《家礼》中说："君子将营宫室，先立祠堂于正寝之东。"徽州传统村落大都受此影响，在建造房屋之前，徽州人首先考虑的是祠堂或宗庙的位置，一定要造在房屋的东边（古制以东为尊），棠樾村、唐模村、呈坎村、汪口村就是如此。在理学的影响下，徽州人建造房屋注重礼法，"立祠堂以祭祖敬宗，续族谱为效法子孙"。宗祠逐渐成为显示本族力量之强大、财富之雄厚的标志，成为村中建筑之首，"在始建者务求壮丽，以尽孝敬而肃观瞻"，如呈坎村

---

[1] 李琳琦. 徽州教育[M]. 合肥：安徽人民出版社，2005.

宝纶阁竟达到十一开间。

二、宗族制度的影响

宗族是以父系血缘关系为纽带形成的群体。迁至徽州的移民带来的宗族文化是徽州文化形成的"基因",并在新环境中演变成具有政治、经济、社会、文化等多种功能的综合变体。宗族组织严密,等级森严,是封建社会基层组织系统的基础。纵观徽州历史,宗族奠定了区域发展的基础,统领族内各项事务,牢牢控制着村落的经济和政治命脉,并左右着村民的精神文化生活。徽州属于典型的宗法社会,宗法思想渗透在徽州人的一切社会活动中,村落的管理制度几乎等同于宗族管理制度。宗族制为基层社会的稳定做出了积极贡献,因此被封建统治阶级作为实现基层社会统治的重要手段。

徽州是"程朱阙里""理学之邦",是一个受封建文化影响很大的地区,现存大量文化遗存、徽州人的价值观和行为特征都充分体现了这种地域文化特点。徽州各地至今仍分布着大量牌坊,大多保存完好,数量居全国之冠,仅歙县就有80余座牌坊。"徽州聚族居,最重宗法",大村落均建有祠堂,这是封建文化的核心宗法制度在古代徽州村落建筑方面的集中体现。"中原衣冠"徙入徽州,为了更好地生存和发展,大多聚族而居,保持着严密的宗法制度,宗族组织十分完备和牢固。清代学者赵吉士说:"新安各姓,聚族而居,绝无一杂姓搀入者,其风最为近古。出入齿让,姓各有宗祠统之,岁时伏腊,一姓村中千丁皆集,祭用文公《家礼》,彬彬合度。父老尝谓新安有数种风俗,胜于他邑,千年之冢,不动一抔;千丁之族，未尝散处；千载之谱系，丝毫不紊。"[1]徽州宗族聚居地的社会经济结构与我国古代其他农村地区一样，是封建地主经济结构，所不同的是，在徽州，地主、自耕农和佃农被宗族血缘纽带联结起来。由于徽州地处万山之中，地狭人稠，不依靠族人的相互帮助是很难生存下去的。聚族而居可依靠宗族血缘群体的力量，相互帮助，相互协作，相互赈济，相互关照。在徽州的族规宗法中，大多有"恤族""救灾"的规定。宗族为了巩固自身，普遍实施的一项重大措施是大力表彰"义行"。同时，聚族而居还可以依靠集体力量共同抵抗外界干预，提高防御能力。

在这种宗族制度的影响下，血缘关系成为集居的主要纽带，族与村、血缘与地缘重合，形成了很多单姓村落。村落形态表现为以集居型村落为主，到了明清时期，村落颇具规模。正如清人记载："徽宁多大族，族大者率万千人，少亦百十计""每逾一岭，进一溪，其中烟火万家，鸡犬相闻者，皆巨族大家之所居也。一族所聚，动辄数百或数十里"。[2]由于受地形、耕地、水源等条件的制约，当村落发展到一定规模时，便会影响人们的正常生产、生活，使一些分支不得不另卜地而居，村落空间布局随之发生变化。一个族的村落逐渐变成几个甚至几十个族的村落，从而形成以原始村落为根基、以血缘为纽带的村落网。

宗法制度下的徽州民居内部空间结构也呈现特殊的景象，由天井、厅堂、两厢、两廊组成基本的三合院。在形式方面，中轴对称，以厅堂为中心，呈上尊下卑、长幼有序的居住观念。多进院落

---

[1] 赵吉士，周晓光，刘道胜.寄园寄所寄[M].合肥：黄山书社，2008.
[2] 高寿仙.徽州文化[M].沈阳：辽宁教育出版社，1995.

内外有别，以中门为界，"男子昼无故不处私室，妇人无故不窥中门……男仆非有大故不入中门……女仆无故不出中门"。宗法制度使徽州人聚族而居，还与封建礼教一起使徽州民居建筑有了内外有别、尊卑有序的空间秩序。

三、风水学说的影响

风水是中国古代重要方术之一，注重物质（自然山水形势）和精神上的双重需求，是古人择址定居的基本依据。风水玄奥复杂，若抛却其迷信成分，亦有其合理之处，比如"大地有机说"中尊重自然的理念与现在的"人地关系协调论"不谋而合。以现在的眼光来看，风水兼具心理暗示和生态重建的意义，囊括了心理学、生态学、美学、地理学等思想。

古代风水理论一般分"形法"和"理气"两派，分别以江西、福建为中心。徽州毗邻江西，属形法派，重物质实体和山水形势。徽州山环水绕的自然地理环境为风水知识的实践提供了理想之地。徽州人的风水知识随中原移民传播而来，经长期发展演变为徽州的民间文化，并与理学、宗族糅合而具有很强的宗法性，颇受重视。"风水之说，徽人尤重之。"历史文献多有记载，如《新安志》载："安土重迁犹愈于他郡。泥于阴阳，抱忌废事，且昵鬼神，重费无所惮。"[①] 综观徽州各族家谱、村志，几乎都有对本族始迁祖相地卜居过程的追述，可见风水文化之盛。这是因为在徽州人的思想观念

---

① 丁廷楗，卢询，赵吉士.徽州府志[M].合肥：黄山书社，2010.

中，风水事关宗族与村落的荣辱兴衰，于是相地选址成为宗族建村的首要环节。

风水对徽州村落的影响主要体现在村落空间的选址和布局模式、水口的选择与营造，以及村内建筑（特别是民居）的选址、布局、朝向、装饰等方面，对不符合风水或有悖风水之处，一般采取避让或符镇等手段予以改造。在村落选址方面，有风水歌谣："阳宅须教择地形，背山面水称人心。山有来龙昂秀发，水须围抱作环形。明堂宽大斯为福，水口收藏积万金。关煞二方无障碍，光明正大旺门庭。"因此追求"枕山、环水、面屏"，选择山水聚合、藏风得水的地方，随坡就势、因地制宜。在风水中，"水"是财富的象征，因此对村落水口有明确说法："凡水来处谓之天门，若来不见源流谓之天门开；水去处谓之地户，不见水去谓之地户闭。夫水本主财，门开则财来，户闭财用不竭。"[①] 因此，徽州村落的水口一般广植乔木，构筑园林建筑，以满足村民"保瑞避邪"和"藏风聚气"的心理要求。徽州普通民居通过在宅前开挖池塘，代替流水以聚财；在宅后种植林木，代替山脉以围护，从而获得心理补偿。乡土建筑平面设计方正整齐，立面山墙较少开窗，既防盗，也迎合徽商"暗屋生财"的心理。民居院内多置天井，将屋顶的雨水汇聚到一起，顺流而下入石砌水池，以满足徽商"四水归堂，财源滚滚而来"的聚财心理。室内砖雕、木雕和石雕题材中"暗八仙"和鸟、兽、虫、鱼等图案，都有一定的象征意义。民居室内陈设，如床的摆放、门的位置、灶与厕的方位都有特殊规定。[②]

---

① 李传玺.徽州古村落[M].合肥：安徽科学技术出版社，2015.
② 朱永春.徽州建筑[M].合肥：安徽人民出版社，2005.

在如今众多的皖南古村落中，呈坎古村落仍能较形象地说明理学和风水学说对村落选址、布局、建设所起的作用。整个村落按《易经》中"阴（坎）、阳（呈）二气统一，天人合一"的风水学说选址、布局，依山傍水，形成2圳、5街、99巷。村内古老的龙溪河宛如玉带，呈"S"形自北向南穿村而过，形成八卦阴阳鱼的分界线。村落周边矗立着8座大山，形成了八卦的8个方位，共同构成了天然的八卦布局，与人文八卦巧妙融合，使呈坎成为中国古村落建设史上的一大奇迹，也是美丽的自然风光与徽州文化结合的典范。

四、其他文化因素的影响

（一）传统风俗习惯的影响

传统习俗对徽州乡土景观产生了诸多影响，丰富了景观的文化内涵。例如民间传统节日往往会有地方色彩浓厚的庆祝活动，徽州也不例外。因此，尽管徽州村落多高墙窄巷，但仍然存在宽敞的通道和集会的广场，以满足传统风俗的需要。徽州人聚族而居，地缘关系直接对应着血缘关系，人际感情和行为方式深受影响。例如除了出远门不回的人家，村里家家户户大门敞开；而门口的石桥、石凳则成为邻里交往的主要空间，晒太阳、晒粮食、洗衣服、聊天、吃饭等，形成特殊的生产、生活场景。

（二）朴素的自然观与审美观的影响

在农耕社会较低的生产力水平和传统的哲学观、自然观影响下，徽州传统村落在选址、布局、外在形态等方面都体现了与自然环境的和谐。西递村的船形、宏村的牛形、石家村的棋盘形等外在形式，都受到人们追求建筑、人、自然和谐统一的自然观的影响。徽州传统村落中山清水秀、粉墙黛瓦、马头墙等景色集中体现了徽州人的传统审美观念。

第三节
社会变迁对徽州传统村落的影响

一、人口迁移的影响

西晋、唐末、南宋是我国历史上三次较大的人口大迁移时期：西晋时期，因政局动荡、战争频繁、中原自然资源逐步匮乏，发生了北方第一次人口大南迁；唐末战乱再起，人们为了远离动荡而南迁避难，是中原第二次人口大南迁；南宋皇帝昏庸，朝廷腐败软弱，南宋末年，蒙古人大举南下，造成中原第三次人口大南移。

徽州原是山越人的栖息之地，世代过着平静、与世隔绝的生活。在中国古代三次人口大迁移时期，因徽州山灵水秀，气候宜人，资源丰富，交通闭塞，正是安全、理想的聚居场所，所以选择徽州定居者众多，造成徽州人口急速增长，强烈地冲击了山越人的原始定居村落，形成了具有徽州特色的移民型村落。当然，也有因祖上在徽做官，后殁于此，于是举家南迁守庐的；还有因任职于徽州，深感徽州环境宜人、民风淳朴而举家南迁的。不论缘由如何，南迁家族多以氏族整体迁徙，择地而居，且保持完整的家族组织、观念和制度。《寄园寄所寄》载："千年之冢，不动一抔；千丁之族，未尝散处；千载之谱系，丝毫不紊；主仆之严，数十世不改。"《徽州地区简志》载："迁徽氏族多以自己的始祖或迁祖为中心，集居繁衍，形成宗族，常以族姓命名居住地。当原居地发生地狭人稠矛盾后，始分居他乡。一般一族聚居一村，也有按房系分居几村，有的累世同居。"《中国宗族制度小史》载："族的发展，如干生枝，枝又生叶，而其一族人遂遍布于天下。"由此可以看出，徽州村落在早期建造过程中，与山越原住居民可能有争夺地盘、斗争—同化的过程，因而在俞宏理、李玉祥所著《老房子：皖南徽派民居》一书中，徽州村落又被定为防御型村落。因其村落保留了防御功能，现在游览其中，依然可由村落形态窥视其防御心理。当然，在村落的演变过程中，防御的对象可能发生变化，先是防山越人与野兽，后是防自然灾害与旁族人，到明清时更多的是防火与防侵害自己利益的人。

中原大族迁居徽州的主要原因有以下三点：一是封闭型的徽州地理环境，为躲避战乱的理想地方；二是从外地来徽任职的官员迷恋徽州的大好山水，留居不归；三是仕途失意或被贬谪的文人将闭塞、景美的徽州选作隐居之地。南迁入徽的中原移民不少是中原世家大族，有着强烈的宗法观念和严密的宗法组织。不论是三次大规模的南迁入徽还是无数次徽州境内迁居，有组织的举族迁移是其重要特点。他们聚族而居，保持着严密完整的宗族组织。徽州历史文献对此多有记述，乡落皆聚族而居，族必有谱，世系数十代。"深山大谷中人，皆聚族而居，奉先有千年之墓，会祭有万丁之祠，宗祐有百世之谱。"① 中原移民大规模迁入改变了徽州的人口构成，成为徽州居民的一部分。外来移民形成最初的村落，之后人口不断地繁衍增长，村落发展到一定规模，呈饱和状态，将过剩的人口析出，析出人口在徽州境内迁移，择地而居形成新的村落。村落这种演化如同细胞分裂，这种分裂是基于宗族组织的，即族中某一支或若干支独立而出，建立新的定居点，新的定居点逐渐发展成小型村落，再发展壮大成大型村落，随后再发生裂变，分出若干村落，开始新一轮的循环。经过历朝数代的发展演变，徽州最终形成了世家大族散处于郡之四部，星罗棋布，远近相望的村落空间分布格局。

二、徽商兴盛的影响

中国传统文化其实是排斥商业的，但徽州位于崇山峻岭之中，"即富者无可耕之田"，粮食不能自给自足，所需粮食皆"仰四方之来"。历史上中原战乱频繁，前述三次人口大迁移使徽州人口大增，以当时徽州的耕地状况和生产力水平来看，几乎达到了饱和状态，由于生存条件受限，于是"天下之民寄命于农，徽民寄命于商"，外出经商是徽州人重要的谋生手段。

---

① 较陈锡，赵继序，章瑞钟. 绩溪县志[M].[出版地不详]：[出版者不详]，1756.

徽商即徽州以乡族宗亲关系为纽带形成的商帮，在中国商业史上占有极为重要的地位。作为一种松散的商人帮伙，徽商形成于明代中叶的弘治年间。自明代中叶至清代乾隆末年的300多年，是徽商发展的鼎盛时期，足迹遍及全国，远涉海外，正所谓"钻天洞庭遍地徽"，影响极大，以至有"无徽不成镇"之说。徽商以经营盐业、典当、茶叶、木材为主，其利润除了继续投资以外，还用于在家乡购买田地，修建祠堂、书院、私宅和投入公益事业等，以其雄厚的经济实力、特殊的生活方式、良好的文化修养对徽州传统村落产生了极大的影响。

（一）徽商雄厚的经济实力是徽州传统村落形成和发展的有力支持

明代中叶，商业繁荣，已出现拥有百万巨资的徽商。清代，徽州人汪交如、江春、鲍志道等大盐商甚至拥有千万资产。作为一个商帮集团，这些典型足以证明徽商当时的经济实力之强。徽州传统村落规模庞大、修建水平高，即得益于徽商的经济支持。

1.徽商的经济支持是徽州传统村落形成和发展的重要原因。徽州很多古村落是由徽商回馈乡里而形成的寄生型村落，徽商长期的资金投入影响了徽州传统村落的形成和发展。徽州较高的经济水平和特殊的地理环境，形成了徽州地少人多、村落建筑密度较高的状况。据记载，明清时期，大概70%的成年男子从事商业活动，而经商成功的徽州人大多回乡修葺住宅，大量的徽商住宅是徽州传统村落的重要组成部分。荣归故里的徽商除了修建自己的住宅外，还在经济上支持祠堂、学堂、戏台等公共建筑的建设。

2.徽商的兴起直接促进了徽州集镇码头的发展。徽州商贾四出，

图 2-5　黄山屯溪老街

必有因商业发展而来的便捷的交通和供商人休息落脚的集市城镇。比如由新安江、横江、率水三江汇流之地的一个水埠码头发展起来的屯溪（今屯溪老街）：由于南宋迁都杭州，徽杭之间的水陆交通日渐频繁，商业繁盛，不少徽商在此落脚转运货物，屯溪便因其地理位置优越而得到初步发展。今屯溪老街店铺模仿宋城的建筑风格，集店面、作坊、住宅于一体，保留了古代商家"前店后坊""前铺后户"的经营格局和居住形式，多为几进，狭窄幽深，依靠内部天井采光。

（二）徽商特殊的生活方式影响着徽州传统村落的形成和发展

徽商的生活方式有两大特点：一是与统治阶级相联系，二是以宗族为纽带。由于科举入仕的国家政策影响，徽商是在儒家思想熏陶下成长起来的，很多人是先读书后经商，也有些人是经商致富后去读书，还有的人虽身为商人，却又是著名诗人、画家和文学家。再加上徽州人重视宗族，成功入仕的徽州官员就为徽商提供了政治上的"靠山"，徽商依靠他们，并为他们（官府）服务，对一些行业实行垄断经营。

1.徽州人大量从商的生活方式影响住宅的功能。由于徽商常年在外经商，家中多为老弱妇孺，因此徽州住宅特别注重防盗。除建筑普遍外墙高耸、极少开窗外，还有一些独特的防盗措施，比如南溪南村的老屋厅，房门略后退，与墙不在一个平面上，并在窗外设坚固的横档以增强防盗功能；位于正楼北面的边门以厚铁皮为最外层，中层是较薄的青砖，内层为优质木材，从而达到了很好的防火、防盗效果。

2.强烈的宗族观念使徽商注重祠堂的修建。徽州作为移民社会，迁入的始祖逐渐繁衍形成的若干家庭聚于一村，形成以血缘和地缘为纽带的传统村落，族居的徽州人宗族观念特别强烈。依靠宗族关系结成的商业群体——徽商，也有利于自身的发展，而祠堂是维系血缘关系的重要精神场所，因此徽商主动将大量资金用于祠堂的修建，以强化宗族意识，提高自己在宗族里的地位。祠堂一般位于村落的中心位置，而且是修建规模最大、最考究的建筑。徽州现存的祠堂数量极多，修建精美，并有宗祠、家祠、支祠之分，它们以群体的形式体现了强大的宗法观念。

3. 徽商重视书院的建设是其参与政治的必然选择。读书不仅能提高徽商的文化素养，而且经读书—科举入仕而参与政治能获得更大的利益，所以徽商十分重视书院的建设。有了徽商的支持，与其他地方相比，徽州书院就有了更多公益、公共的性质。歙县著名的盐商鲍志道就捐银 3000 两用于古紫阳书院的修复，并在书院建成后又捐助 8000 两，以交商生息的形式作为书院的日常开销，现在还屹立如初的由曹文埴题字的"三元坊"就见证了那段历史。

（三）徽商良好的文化修养使徽州传统村落独具魅力

徽商注重商业道德，在文化上也有完整而先进的理论框架。理学对徽文化的影响极大，徽商由此出发，形成了"贾儒相通""左贾右儒"的观念。从更深层次上讲，儒行是儒家思想渗透与制约下的徽州商人的必然选择。商业本身具有高风险性，但是回流到徽州社会的商业利润成就了商人的儒行，稳定了徽州社会。将商人的"利"与儒家的"义"巧妙地结合起来，有利于徽商的发展。[①]

崇尚儒学的徽商一般具有较高的文化素养。崇尚儒行的价值取向，使徽商独具文人情怀，徽州传统村落含蓄、内敛而又雅致。在经济和文化水平如此之高的古村落里，居民在意识、生活方式及情趣方面都是与文人、官宦阶层相一致的儒家思想。居住着徽商的徽州传统村落粉墙黛瓦，错落有致，恢宏壮观。

徽商虽富甲一方，但受传统建筑的形制制约，其建筑不可能与官邸的威严宏大相争，于是徽商独辟蹊径于内部的装饰雕刻，形

---

① 周星宇，罗杰威.浅论徽商对徽州传统聚落的影响[J].安徽建筑，2011（6）：10-11.

成了淡雅简练、韵律感强的外观和典雅华丽、巧夺天工的内部。其中，以表现徽州人生活情景为主的徽州三雕就是徽州建筑耗资最大的部分。盼望经商荣归的情绪普遍存在于徽州每个商贾家庭里，商旅题材因此成为徽州三雕的重点题材。此外，徽州民居中有大量楹联，不少古楹联出自名家之手，文字简洁、思想深邃，如"读书好营商好效好便好，创业难守成难知难不难""勿求珠玉富，但望子孙贤""几百年人家无非积善，第一等好事只是读书"等，形成了强烈的儒商文化氛围。

总之，徽州培养了徽商们不畏劳苦、顽强进取和诚实经营的风格，使他们获得了成功，成为资本雄厚、富甲一方的商帮集团，并凭借良好的经商素养和儒商结合的"徽骆驼""绩溪牛"的精神而延续了几百年的辉煌。贾而好儒的徽商在践行儒行、反哺乡里的时候，以其雄厚的经济实力，影响着徽文化的足迹。徽州传统村落作为徽文化的载体，记录了徽州人以宗族为纽带，大量从商、亦儒亦商的生活状态，也证明了当时徽商对传统村落的影响之巨。在漫长的历史中，徽商兴盛是徽州形成具有特殊文化价值的村落的原动力，也是徽州传统村落兴旺发达的主要和直接因素。

三、士人频出的影响

徽文化博大精深，与徽州文风昌盛、教育发达不无关系。程朱理学的奠基人程颢、程颐及理学集大成者朱熹，祖籍均为徽州。从思想渊源来说，新安理学直接传承"二程"。徽文化的繁荣、科第的鹊起，都受到新安理学的影响。从南宋前期至清代乾隆年间，新安理学在徽州维系了 600 多年，对徽州社会、文化的发展产生了很大影响。朱子提倡读书，认为穷理之要，必在读书。这极大地促进了徽州读书好学的风气，缙绅之家往往自编教材，由父兄率子弟诵读。理学家对理欲、心物、义理、天人等概念的意义、关系的追问和逻辑论证，提升了徽州人的理性思维，培养了深厚的理性主义传统。正是由于徽州教育源远流长、读书风气浓郁、名人辈出，徽州自古享有"东南邹鲁""文献之邦""礼仪之乡"的美誉。

徽州教育发达还有以下两个原因：第一，以儒入仕、以儒入贾。徽州山多地少，土地贫瘠，人们只能向外求发展。首选之路便是通过读书而入仕，仕途不畅则入贾。能入仕、入贾，全是教育之功。第二，学田的收入、徽商的捐助为徽州教育提供了经济支撑。学田是古徽州为府学、县学所置的田产，按官府规定，学田收入全部入官，以供给府学、县学之廪禄，它是府学、县学经费的主要来源。明清时期，经商致富的徽州人看重读书入仕，也就更加重视对后代的教育。明代歙县盐商鲍柏庭就说过："富而教不可缓也，徒积资财何益乎！"祁门商贾胡天禄也曾"输田三百亩为义田……蒸尝无缺，塾教有赖，学成有资"。

从隋唐开始的科举制度使读书入仕成为古代社会普遍的价值取向，"儒风独茂"的徽州也不例外，特别是在朱熹的学说成为科举考试的标准答案以后，徽州得天时、地利，府学、县学、书院及私学发达，因此科举及第人数众多。仅徽州本籍，宋、明、清三代共有 1242 人中进士。

科举制度虽有维护封建统治、控制思想教育之功能，但对文化、教育的发展，培植、选拔各科人才也起过重要作用，徽州历代进士、状元中就出现过各种各样的杰出人才。如明代大学士许国（歙县人，嘉靖年间中进士）就是嘉靖、隆庆、万历三朝重臣，他一生政绩卓著，为官清正。隆庆时，他受命出使朝鲜，对所赠礼物概不收受。万历十二年（1584），他因云南平逆"决策有功"，晋为少保，加封"武英殿大学士"，被恩许建造"许国石坊"。能在生前建造如此雄伟壮观的八脚石坊的官吏，在中国封建社会历史上是很少见的。

图 2-6　歙县许国石坊远景

图 2-7　歙县许国石坊近景

士人频出对徽州传统村落的影响可从呈坎村的发展得到验证。呈坎村位于黄山脚下，距黄山市徽州区政府所在地约10千米，唐末罗天真和罗天秩堂兄弟二人自江西来此地定居，形成两个独立的罗氏宗族，前者被奉为前罗始祖，后者被奉为后罗始祖，前罗、后罗宗族都是到了北宋末第八、第九世时人丁兴旺，为宗族兴旺、村落发展提供了基本条件。据研究，前罗、后罗宗族发展各具特色，后罗宗族发展的主要原因在于兴文重教、科举入仕。如后罗八世祖罗汝辑官至吏部尚书、龙图阁学士、新安开国侯、少师，生六子，四人为通判，二人为知州。明代弘治十二年（1499），徽州知府为罗汝辑等34人建文献坊，表彰后罗宗族读书入仕的成就。后罗宗族诗书起家，累官封侯，前罗宗族经商发达，共同将呈坎村推入鼎盛发展期。祠堂、牌坊的兴建是呈坎村鼎盛时期的重要标志之一。明代中叶后，前罗、后罗两族修建祠堂10座，气势恢宏、构造精细、装饰精美。鼎盛时期，呈坎村有前街、后街、钟英街等99条街巷，两侧民宅鳞次栉比、纵横相接、宛如迷宫。20世纪90年代，全村仍保存着30幢明代民居、200多幢清代民居。

四、其他社会变迁活动对徽州传统村落的影响

徽文化是开放的，它并不因徽州层峦叠嶂的地理条件所阻碍，也不因四水归堂的传统民居和聚族而居的徽州宗族而封闭，而是因外来人口的迁入、徽商和徽州士人的外出与回归而开放。这既推动徽文化接纳和融合其他地区的先进文化，也为徽州传统村落的发展注入了新鲜的血液。

第三章

Chinese Traditional Villages 村落

中国传统村落文化抢救与研究
文化区系列

徽州传统村落的物质文化景观

第一节
徽州传统村落的布局形态

一、村落环境布局

"八山半水半分田，一分道路和庄园"是现在徽州地理环境的真实写照。境内群峰参天、山丘屏列，有山谷、盆地、平原，波流清澈、溪水回环，到处清荣峻茂、水秀山明。徽州自然环境良好，是古代人口迁移的重要目的地，并形成了移民型村落，后逐步演变成体系完整的徽州村落。到了明清时期，徽商"输金故里"的做法和"落叶归根"的理念，促进了徽州村落的发展，形成现在仍保存较完好的徽派建筑和徽州村落。

（一）村落与农田相互影响

自古以来，村落的发展都与农田有着密切关系。徽州传统村落与农田之间存在着一种相互影响的关系。

1.在自然经济条件下，随着村落规模的不断扩大、村落数量的不断增多，村落的农田面积也在不断增加。理想状态下，农田的面积应该与村落的规模、人口数量成正比。但是徽州特殊的地理环境决定了这一理想状态是不可能实现的，徽州境内山峦起伏，耕地面积有限，就单一村落而言，在某段时间内，农田面积会随着村落的发展而增加，到了因地理条件限制而无法扩大耕地的时候，村落便达到了饱和

图 3-1　祖源村与农田

状态，这时就要从村落中分出一部分人口另辟新地，建立新村。

2. 在自然发展状态下，农田面积在很大程度上既限制又促进了村落规模和数量的发展。徽州传统村落的农田分布特点是：在地势平坦的土地上，农田较为集中，村落规模也较大；在山地上，农田较为分散，村落规模也较小，但数量较多。①

---

① 束冬冬.黟县古村落景观研究初探[D].北京：北京林业大学，2011.

图 3-2
西递村与农田

（二）顺应自然

徽州的自然地理条件有三大特点：一是群山环抱，群山之中散落着大大小小的山间盆地与谷地；二是以山地、丘陵为主，山间谷地面积不大；三是天然水系四通八达。传统村落大多在背山、临水、近田的山水格局中：背山为村落提供了一道天然的屏障，保护村落安全；靠近水源上游，有干净、稳定的生产和生活用水；靠近可耕种土地，就可以生产生存繁衍所必需的粮食。

古人在民居和村落建设中对可利用的自然条件与制约因素的理解敏锐而深刻，因为他们不能随心所欲地改造自然，自然环境在建设过程中常常被认为是神圣的。徽州人在规划中就恰当地处理了自然环境与村落的关系，从总体选址布局到内部空间规划，均采取尊重自然、因地制宜的方式，重视利用优美的山水环境作为民居、村落的依托，民居往往傍水而筑，屋舍密集；街巷复杂多变，村落内部街巷走向、节点空间与自然山水形成视觉走廊；村外、村内以水系相连，宅园、水圳等小环境改善小气候；村落与山水环境融为一体，自然地形成多种衬景、对景、借景关系，构成了一幅幅优美的画卷。徽州人独特的选址方式造就了徽州村落富有变化而又协调一致的韵律美，构建了远山、中林、近水的总体山水环境景观格局。[1]

（三）集中紧凑

"徽州聚族居，最重宗法"，再加上土地紧缺，导致集居型村落占绝对优势，以团状形态居多，沿河的带状形态也不少，但内聚性和向心性非常明显。

为居住舒适，每户人家都尽最大可能扩大自己的住宅空间；但为了节省耕地，村内建筑密度非常大，建筑之间的间距很小，村落内部几乎没有绿地，村落外围的建筑外墙直接与农田相连，而且村落大多紧贴山体，于是大户住宅和狭小的街巷共同形成了极度紧凑的村落用地模式。建筑多为两层，以增加建筑的容量。由于建筑间距小，采光不便，通常设天井以满足建筑内部的采光需求。建筑一般呈方形，可以节省空间。[2]

---

[1] 吴晓. 基于徽州古村落景观智慧的美好乡村景观规划设计研究[D]. 合肥：安徽农业大学，2015.
[2] 周枫. 基于徽文化传承下的皖南地区乡村规划研究[D]. 合肥：安徽农业大学，2015.

二、村落空间格局

（一）"起—承—转—合"的空间序列

徽州村落的空间格局主要受社会生活和人文历史因素的影响，如宗法礼制、乡约民俗、邻里交往等。从村落的空间构成来看，大部分徽州村落包括水口、村口、主街或水街、宅居、祠堂或祠堂群、广场、节点（牌坊或牌坊群等）。村落的空间序列一般遵从"起—承—转—合"的章法，又因村落规模、家族实力、自然地形等而灵活变化。

首先，水口是徽州村落空间序列的开端。为了"锁住"水口，徽州人常常在水口处种植风水林或营造水口建筑。

其次，"村口"承接水口，但相对于水口，"村口"并未被赋予过多文化意义，只是连接村落内外的重要节点。各个村口因地制宜、因势利导，没有拘泥于某一固定模式。一些村口的规模相当大，如西递村就是以高等级的"胡文光刺史牌坊"为村口。有的村口虽没有如此大的规模，但通常是一处交通集散的节点，或是公共活动空间，如宏村的村口以红杨、银杏两棵古树为标志。

再次，街巷是徽州村落中非常有特色的空间，在"转"上起到了独特的作用。徽州"地狭人稠"，村落内部街巷相对狭小，水街也如此。主街两侧一般为两层的店铺或住宅。街巷虽然狭窄，但宁静安逸。两侧的白粉墙既能在阴雨天防潮驱湿，又能在烈日时反射阳光，起到降温的作用。街巷中的券门洞、民居大门的门楼等也形成了不同的空间节点，调节了空间尺度感，形成了流动感。街巷在"转"时变化较多，交叉口的形状多样，有"Y""Z""T""人"字形等，丰富了街巷空间，达到了步移景异的效果。

最后，家族总祠通常成为徽州村落的"中心"，是"起—承—转—合"空间序列中的"合"。村落的总祠门前一般为小广场，为人流聚集的场所。总祠的门楼相对华丽、精美，常采用"五凤楼"的门楼形式，成为公共空间的视觉中心，并为宗族公共活动渲染了气氛。

徽州村落的空间序列体现了中国传统建筑文化的内涵，其营造空间的理念与规划设计手法不仅体现了"气韵生动"的美学境界，而且体现了儒家"性无伪则不能自美"和道家"天人合一""天地有大美而不言"的思想。①

（二）秩序井然的空间格局

徽州传统村落空间秩序井然，并把人的精神生活和空间环境联系起来了。"秩序"是徽州宗法制度在村落中的隐形载体，它像一根无形的线，串联着村落。

1. 理想化的村落结构模式

宗祠通常是徽州传统村落的空间结构中心，也是村落的政治、文化中心。徽州"邑俗旧重宗法，聚族而居，每村一姓或数姓，姓各有祠，支分派别，复为支祠，堂皇闳丽，与居室相间"。宗族繁盛以后的分房分支，如同一个托盘上的多个茶盅。村落结构映射宗

---

① 中华人民共和国住房和城乡建设部. 中国传统建筑解析与传承：安徽卷[M]. 北京：中国建筑工业出版社，2016.

族结构，是相当理想的秩序模式。血缘关系的亲疏直接体现于地缘位置的远近，是宗族观念在村落建设方面的表达。

2. 秩序化的村落平面结构

徽州传统村落整体平面结构的演化过程是以历代居民顺应或改造地形、地势的活动为基础的。受环境影响，村落形状大体有线状、块状两种。线状村落是受限于山水围合，难以突破夹峙的山脉而形成的；块状村落是在水流冲积成的小平原基础上形成的。

在徽州传统村落中，祠堂一般是村落中心，附近的几个居民点沿河发展，互相连接成为线形的居民带，而后居民带沿河或垂直于河流继续扩展，发展为块状居民区。如果区域内有多条河道，以上演化过程在几条河道附近同时进行，最后几个块状居民区融为一体，形成整个古村落。在这个过程中，并非每条河道附近的居民发展都是均衡的，一般沿一条最适宜的河道（如主河道）发展，它决定了古村落空间形态的主要走向。其他河道的居民常依托主河道，由点到线地发展。主河道与其他河道共同构成了古村落的"生长骨架"。古村落演化的秩序结构是村落现今形态形成的决定性因素，一般块状古村落的演化结构图呈网状，线状古村落的演化结构图呈鱼骨状。①

---

① 周枫. 基于徽文化传承下的皖南地区乡村规划研究[D]. 合肥：安徽农业大学，2015.

第二节
徽州传统村落的公共空间类型与特征

一、村落聚集空间及其特征

广场是徽州村落中的主要聚集空间，是居民进行公共交往活动的中心场所，一般位于村落的中心或者依附重要的建筑，布局灵活多样，主要有祠堂前的广场、村口的广场。

与全国其他地方一样，徽州也有很多节日纪念活动，因此，尽管人们印象中的徽州村落都是高墙、窄巷，但仍有集会的广场，以满足徽州传统风俗活动的需要。徽州传统村落中的广场可以分为生活性广场、娱乐性广场和祭祀性广场，空间形态各具特色。当然，村落中的广场大多兼有多种功能，不同时间承载不同的活动，同一活动中也可能兼具多种功能。

生活性广场是村民休憩、洗涤等活动的中心，数量相对较多，其中相当一部分是房屋前的晒场，当地称"晒坦"，形状不甚规则。一些"坦"与水塘相连，一水一旱，空间开阔，是村内最富有生机的地方。

娱乐性广场是村民游戏、娱乐的场所，主要供村民搭台演戏、看戏，如瞻淇村南的"看戏坦"。戏台可以根据需要搭建和拆卸，也有一些村落修建了永久性戏台，戏台前辟出一块空地作为台前广场。

祭祀性广场是村民开展祭祀活动的空间，常常与祠堂等礼制建筑联系紧密。祠堂一般规模较大，建造时通常会在门前留一块空地作为祭祀中心,称为"方坦",这类广场形态较简单、固定,一般是方整的四边形。相邻的建筑与祠堂一起围合出广场,没有任何过渡。

广场由于周围建筑物的限定而显得清晰、鲜明,是村落中可识别性很强的空间。广场与周边建筑联系紧密,相当于建筑外的一个"空房间",是易于使用和识别的"实体",而非四周开阔、不宜停留的空地。[1]

二、村落交通空间及其特征

(一)街巷空间概述

街巷空间界面包括底界面和侧界面,底界面是空间活动的承载面,受地面标高、地面宽度等影响,产生高差、宽窄变化;侧界面是外部空间的围合界面,由众多建筑的对外界面组成,产生立面变化。

徽州传统村落四通八达的街巷构成村落的"骨架",引导性极强,可通过街巷到达民居、祠堂等地。街巷曲折而不乏灵活,处处体现出"偶成"的境界,站在一处不能观其全貌,必须加上"时间"要素,通过行人走动,街景才会逐渐展开,产生一种不断变化的艺术效果。街巷大多用青砖和条石铺地,取材于附近山地,充分体现了人与自然和谐共生的特点。

---

[1] 周枫.基于徽文化传承下的皖南地区乡村规划研究[D].合肥:安徽农业大学,2015.

| 第三章 | 徽州传统村落的物质文化景观

图 3-3
渚口村的街巷

（二）街巷空间的形态与功能

徽州传统村落的街巷常以蜿蜒曲折、对景转换丰富著称。常见的街巷可分为交通性街巷、生活性街巷、祠堂备弄等，其功能（人在街巷中的行为需求）决定了街巷的形式，比如交通性街巷和祠堂备弄的主要功能是交通、穿越，基本是直线形。过去由于封建制度严密，街巷尺度是无法随意改动的，再加上风水观念的影响，就形成了今天所看到的独特的街巷空间形态，郁达夫曾经形容其为"盘旋曲径几多弯，历尽千山与万山"。街巷空间形态随着村落发展逐渐成形，一般祠堂附近的街巷比较规整，这显然与宗族思想有着微妙的关系。徽州传统村落一般规定家族建筑不可侵占街巷，所以在很大程度上保持和延续了街巷形态。

街巷最重要的功能是交通和连接，在村落中起着自公共空间到私人空间的承接作用。人们从村外进入村口，经街巷最终进入私人宅院，实际上是经历了一个完整的游览序列：从开敞程度分析，这个游览序列是开敞空间—次开敞空间—封闭空间；从私密性角度分析，这个游览序列是公共空间—私密空间；从自然度方面分析，这个游览序列是自然基质—人工环境。鉴于街巷的重要作用，徽州先民精心营造的街巷成为传统村落中极具特色的空间要素之一。

（三）街巷空间的交叉节点

街巷交叉口是街巷重要的节点空间，其尺度规模、平面形式都反映着使用者的行为和活动规律。徽州传统村落的巷道交叉口以错位的三岔口（"丁"字形）为主，"十"字形交叉口较少，通常是错位相连，形成两个"丁"字形或局部空间放大为风车状的小型广场。不同程度的曲折、错位，使巷道既通畅又有丰富的景观变化，从而增强其使用性和可识别性。[1]

徽州传统村落的高墙、窄巷除了使祠堂备弄表现出笔直、森

---

[1] 束冬冬.黟县古村落景观研究初探[D].北京：北京林业大学，2011.

严的气氛以外，常以曲折和变化的截面缓解压抑的空间感受。关于街巷的使用，窄巷中多为单向交通；直交的交叉口会使两个方向的使用者直接相撞，没有提前预示或缓解回旋的余地；生活性巷道虽然较宽敞，但也要考虑轿子和推车的通行、转弯、错行。因此，直交的交叉口在使用方面是不便的。交叉口的错位在空间上拉长了两个方向交点的距离，给人留出了必要的心理准备时间，可以从光影、声音等感官信息辨别交叉口的交通情况，减少发生碰撞的可能。关于识别性，虽然巷道交叉口的错位或局部空间放大在村落中是很普遍的，但放大空间的尺度差别、方向性、日照感觉以及交叉口周围的住宅外观等都能让人产生较强的场所识别感。这些空间信息共同使各个交叉口不仅特点鲜明，而且与人们的日常行为、活动相适应。

三、村落休憩空间及其特征

（一）典雅脱俗、匠心独运的庭园空间

徽州传统村落的庭园景观以小见大、动中有静、充满诗意，布置力求雅致，空间层次丰富，适合点缀花卉、盆景，花园走廊蜿蜒曲折，空间渗透性极强。无论是大的私家庭园檀干园，还是被誉为"露天花厅"的德义堂庭园，或是"庭院深深深几许"的西递村西园，都体现出主人高雅的审美情趣。

徽州传统村落极为讲究人工院落与自然的和谐，在庭园中极力模仿自然、再现自然，主要表现是大量引入自然之物，包括假山、

水体、植物等，并不断加以融合和提炼，形成源于自然而又高于自然的景观感受。在院落中，仿佛身处自然，极能感受"天人合一"的哲学思想。同时，徽州人大量使用多种绿化形式，如平面、立面、垂直绿化等，极大地提高了庭园的绿化覆盖率，增强了庭园的自然之感。此外，还以木雕、砖雕、石雕、窗棂等多种形式充分突显美学艺术，让人深感典雅与脱俗。①

（二）不同庭园空间的特征

徽州传统村落的庭园空间分为私人空间和公共空间，都是村落空间的重要组成部分。庭园最初是根据人们生产、生活的实际需要产生的，以菜园或果园的形式存在。后来随着社会的进步、文化的发展，还要满足主人的审美情趣，逐渐发展为小型的院落花园。但私家庭园只能满足院落主人的活动需要，不能满足其他村民的室外活动需求，村中的祠堂、书院等公共建筑周边就成了附带更多公共功能的庭园空间。

1. 民宅庭园空间

在我国传统建筑中，院落的围合形式大致有四种：（1）以院墙围合建筑或建筑群；（2）以建筑围合形成的院落；（3）以建筑为主体，周围以柱廊、墙垣等围合的院落；（4）以建筑围合建筑形成的院落。②

---

① 吴晓. 基于徽州古村落景观智慧的美好乡村景观规划设计研究[D]. 合肥：安徽农业大学，2015.
② 束冬冬. 黟县古村落景观研究初探[D]. 北京：北京林业大学，2011.

第三章 | 徽州传统村落的物质文化景观

　　徽州的民居建筑大多高墙、深巷,庭园空间的基本形式是天井院落:院内常以南向厅堂为主,东西两厢为辅,中间为天井,平面呈"凹"字形。建筑除了大门以外,只开少数小窗,采光主要靠天井。徽州的建筑基本为套建,一进套一进,结构也基本相同。但即使是这样,由于某些建筑所占基地较大,往往会有前院、后院、侧院。

　　在庭园中,通常会在院内挖池塘,池塘的水大多与村落的水系相连,或者引用水圳的

图3-4　卢村木雕楼附属天井院落式庭园

图 3-5　宏村碧园

水，或者引用村内池塘的水，或者引用临近溪流的水，比较著名的有宏村的碧园、德义堂庭园、承志堂鱼塘厅等。在较大的庭园中，常有亭子、水榭、水池；在较小的庭园中，往往以水缸、花台、石板等为主体，点缀一些水生植物，或者放一些盆景、盆栽；在农家小园中，常种植经济果木、观赏性花木，如桂花、石榴、枣树等，除了给院内增添了几分自然趣味之外，又多了一些实用价值。

2. 公共建筑庭园空间

徽州传统村落的公共建筑主要是宗祠和书院，这两种公共建筑的庭园空间基本相似，通常都是天井式的院落空间。宗祠通常对形制要求较严格，常为门屋、享堂、寝殿的三进两天井形式，天井檐口较高，基本以石块铺装为主，可作为活动场所，如宏村的汪氏宗祠乐叙堂、西递村的胡氏宗祠敬爱堂等。书院与宗祠的庭园空间类似，有的书院利用天井蓄积雨水，有水时是小水院，长时间不下雨时石块铺装就会露出来。在一般情况下，天井两侧要比室内的地低，是为了蓄积雨水，如宏村的南湖书院等。[①]

四、村落其他公共空间及其特征

（一）水口空间

水口，即水流的出入口或其近旁。"凡水来处谓之天门，若来不见源流谓之天门开；水去处谓之地户，不见水去谓之地户闭。源宜朝抱有情，不宜直射关闭；去口宜关闭紧密，最怕直去无收。水流去处的两岸之山，称为水口砂。水口若无砂，则水势直奔而出。"[②] 徽州传统村落的水口多利用原有的真山真水改建、扩建而成，通常是经过几代人的建设呵护方成气候。

作为村落的门户，水口的独立性很强，主要功能是安全防御

---

① 束冬冬.黟县古村落景观研究初探[D].北京：北京林业大学，2011.
② 张铁成.这年头一定要会点风水学[M].北京：新世界出版社，2010.

（精神方面），即所谓的"藏风聚气"和保瑞避邪。水口属于形而下的物质空间实体，是风水学说的重要实践产物，也是徽州人的心理因素和自然环境相融合的结果。徽州人笃信风水，并与宗族联系在一起，宗法意识极强，水口于是被视为主宰宗族、村落命运和前程的"关口"，其营造和维护成为全族大事。水口是进入村落的"咽喉"，其规模与气魄是村落彰显宗族荣耀和昌盛的重要标志，因此成为表征村落权力的重要景观，是宗族内外绝对不可侵犯的地方。

水口也是徽州传统村落的重要空间过渡区，多以桥为主体，辅以树、牌坊、亭、堤、塘、阁、楼、塔等，具有观赏、休憩等多种功能。依山势或山脉的走向，水口一般处于山脉转折或两山夹峙、清流左环右绕处，同村口方向一致。水口建筑及其周围的绿水青山，形成了水口园林，集山水、建筑、园艺等于一体，是经济和文化发达的产物。水口园林通常依水口而定，"裁剪"真山真水，自然景观占绝对优势。

（二）水街空间

徽州传统村落多有河流穿流而过，在水流一侧或两侧后，设置建筑物形成水街。水街面水一侧建筑物开设店铺，水街因此兼有商业街的功能。徽州地处江南，多雨水，兼作商业街的水街往往在面水一侧设置通廊，通廊临水一侧全部敞开，间或设置条凳和美人靠。人们在这太阳晒不到、雨水淋不到的地方，既可进行商业交易活动，也可以歇脚或休憩，还可以领略水景和对岸风光。水街、河流及对岸连成一体，形成比较开阔的空间，这一空间兼有商业氛围和生活

第三章 | 徽州传统村落的物质文化景观

图 3-6　查济村的"小桥流水人家"

气息[①]。水街往往贯穿整个村落，是村落空间结构的"主线"、村民日常交往的主要场所之一。民居建筑逐水而建，并随着河道宽窄前后退让，富有变化。为了方便水街两岸村民的往来，人们在水街上架起数座板桥，颇具"小桥流水人家"的意境。水街的形态非常丰富，既有一般村镇所具有的街和巷，又有临水的街道和水巷，还有各种形式的桥梁和码头，空间层次变化丰富，提升了景观效果。

---

① 何颖，韦义洋.徽州古村落水环境空间分析[J].安徽农业科学，2012（20）：10479-10482.

图 3-7　唐模水街

徽州传统村落最具代表性的水街是唐模水街，长约 600 米，从北至南，一水贯穿，小溪途经一座石桥，极富江南水乡特色，住宅、祠堂、店铺、油坊等遍布于两侧。街巷沿水一边设有美人靠，造型典雅，游人可以倚在美人靠上观赏溪水和对岸美景。

第三节
徽州传统村落里的主要物质元素

一、公共建筑

　　传统公共建筑受礼制影响较大，建筑平面形式为中轴对称，内部为多进院落。在徽州内，遗留了大量明清时期建造的公共建筑，如祠堂、牌坊、书院等。祠堂是宗法礼制的产物，祠堂外是仪式性的广场，祠堂的大门形制规格较高，门楼较华丽，建筑一般为三进或四进院落，院落周围环以围廊，最后一进为供奉祖先的享堂，整个祠堂布局严谨、等级较高、气氛肃穆，是村落中心的祭祀性场所。牌坊是具有礼制意义的公共建筑，一般设置在村落村口、祠堂门前广场或街道入口，增强了入口的仪式性与标志性。书院是徽州重要的公共建筑类型之一，书院内用于讲学的建筑的空间布局讲究中轴对称，体现儒家思想中"礼"的秩序性与等级性；为讲学服务的建筑空间布局较自由，与"乐"的思想相符。书院整体建筑形制严谨而和谐，深受中国传统"礼乐"思想、佛教等影响。①

---

① 中华人民共和国住房和城乡建设部. 中国传统建筑解析与传承：安徽卷[M]. 北京：中国建筑工业出版社，2016.

（一）宗祠

祠堂是徽州人心中祖先灵魂栖息之地，是宗族的象征。郑庄在《罗氏祠堂记》中说："人本乎祖，物本乎天。族之众尝欲为祠堂之创，所以为报本之图也……《礼》曰'尊祖故敬宗，敬宗故收族，收族故宗严'。由此观之，则一祠之建，非特为报本反始也，崇爱、敬谨、名分，咸于此出。"重视宗族血缘关系的徽州人，无不以建宗祠、修族谱为重，甚至不惜斥巨资。

作为礼制性建筑，徽州的祠堂按等级分为宗祠、支祠（可再分）和家祠，是村落的公

图 3-8　徽州祠堂

共空间和精神空间。按照建筑平面类型分类，祠堂可以分为天井式、廊院式两种。家祠和较小的支祠大多是天井式，在平面形制、外观、结构和装饰上与徽州民居大体相同，甚至有些祠堂曾是住宅。较大的支祠和宗祠大多是廊院式，平面形制一般为四合院式，均为砖、木、石结构，外围高墙封闭，民居不可筑靠，山墙呈阶梯状。

祠堂几乎每村都有，耸然高出民居，威严庄重，富丽堂皇，景观特点突出。祠堂及其内部结构集中表现了宗法制度，诚如史书记载"邑俗旧重宗法，聚族而居，每村一姓或数姓，姓各有祠，支分派别，复为支祠，堂皇闳丽，与居室相间"，可见其地位的重要性。宗祠为全族所有祠堂之首，集全族力量所成，规模最为宏大壮观，装饰精美绝伦，属于全族的精神空间，也是许多村落内部空间布局的中心。

（二）牌坊

牌坊是一种脱离于墙体而独立存在的门洞式礼制性建筑，融建筑与雕刻艺术于一体。作为一种特殊景观，牌坊是对区域和村落整体风貌影响较大的一类建筑。牌坊一般须得到皇帝的恩准并由朝廷颁布之后方可营造，形制存在等级之分。在徽州，虽然不是每个村落都有牌坊，但大型村落一定建有牌坊，它是村落文化风貌的重要体现，也是徽州宗法制度、理学昌盛的重要表征。从形态、样式和装饰来看，徽州的牌坊分为牌楼式和冲天式两种，前者明代较多，后者主要建于清代。

徽州被誉为"牌坊之乡"，曾有牌坊1000多座，现尚存100多座。每座牌坊都有深刻的文化内涵和明确的建造意图，大致可分为四类：标志坊、功德坊、节烈坊和百岁坊。标志坊是起到标明地点、分隔空间、引导行人作用的牌坊，主要有门坊、里坊、祠堂坊、墓道坊、书院学宫门坊等。功德坊可分为两类：一是显示官位与政绩的，二是标明科举成就的。节烈坊可表彰忠臣、表扬孝子，更多的是表彰妇女贞节。除了上述三类以外，明清时期老人寿登百岁为"人瑞"，能获朝廷恩典，也可建坊，称为"百岁坊"。

为达到宣扬与歌颂的目的，牌坊不仅力求高大雄伟，而且注重位置与布局，大多位于村内的祠堂前或村口，也有位于村尾或村庄道路节点的。祠堂前的牌坊被称为"祠堂坊"，属于标志坊，祠堂与牌坊两种礼制性的建筑组合在一起，相互衬托，能营造浓厚的荣宗耀祖的氛围，如潜口村金紫祠前的金紫祠坊。徽州村落的村口是村民进出村落的必经之地，是村落的门户，亦是村落水口所在地，是需要重点营造的场所。作为村落入口的标志，村口的牌坊能丰富景观。由于村口远离民居等建筑，视野开阔，突显了牌坊高大雄伟的气势。有的村落还出现牌坊群景观，如西递村村口前曾修建13座牌坊，棠樾村村口仍保存着7座牌坊。[1] 牌坊在景观和功能上都是大型村落不可或缺的建筑，直观彰显着本族或本村的无限荣耀，集中反映了理学的昌盛；在空间上既是儒家"忠孝节义"的直观表征，又是徽州人价值观的物化表达。

---

[1] 中华人民共和国住房和城乡建设部.中国传统建筑解析与传承：安徽卷[M].北京：中国建筑工业出版社，2016.

图 3-9　棠樾村的牌坊

（三）书院

书院是我国古代特有的教育组织，一般由祭祀设施、藏书楼、讲堂、斋舍、生活设施等五个部分组成。南宋时期，书院以数量多、规模大、地位高而影响深远，成为当时许多地区的主要教育机构。

徽州书院历史悠久，据廖腾煃的《海阳纪略·瞻云书院序》记载："郡邑之有书院，自南唐始也。"宋元以来，徽州成为全国书院最多的一个地区。明清时期，徽州由于朱子理学与书院发展的密切关系，再加上宗族支持，书院迅速发展。明代天启六年（1626），御史张讷奏言："天下书院最盛者，无过东林、江右、关中、徽州。"

明清时期，徽州的书院不仅数量多，而且逐步发展成为包括讲学、授徒、藏书、祭祀、居住、休憩等多种功能的综合性建筑，通常规模较大。内部空间一般分为功能性空间和非功能性空间两种：功能性空间包括大厅、门厅、讲堂、斋舍、食堂、藏书楼等，主要用于讲学和为讲学服务；非功能性空间一般包括泮池、泮林、泮桥、碑、文庙、祠堂等，充分体现了祭祀的功能。从建筑平面功能上可分为教学区、祭祀区、藏书区、生活区、休憩区等五个区，分别形成以讲堂、祭祠、藏书楼、斋舍、园林为主的空间领域。

书院是传播中国传统文化的教化场所，因此书院的布局深受礼制的影响。书院主体建筑呈中轴对称布局，体现了礼制的等级性、秩序性。讲堂是教学和举行活动的主要场所，一般位于书院的几何中心位置，并以山门、院落为空间铺垫，以体现"尊者居中"的思想。祭祠之地大多在讲堂后面、中轴线的尽端，环境清幽。藏书楼一般为2—3层，是书院的重要标志。其他辅助用房根据需要设立、布局，不严格对称，无明显主次之分。这种严谨而和谐的群体布局模式深受中国传统文化的影响。

紫阳书院是全国著名书院之一，道光《徽州府志·营建志·学校》记载："歙在山谷间，垦田盖寡，处者以学，行者以商。学之地自府县学外，多聚于书院。书院凡数十，以紫阳为大。"紫阳书院以祭祀朱熹、宣扬朱熹理学思想为主旨，婺源《董氏宗谱·凤游山书屋记》记载："古者，家有塾，党有庠，术有序，国有学，由来尚矣。我郡邑曾建紫阳书院，以甄别取士。四乡或间立书院，以讲学、会文。"紫阳书院位于歙县，由郡守韩补呈请始建于南宋淳祐六年

（1246），初建在徽州府南门外紫阳山麓，宋理宗御题"紫阳书院"匾额。元代至元年间迁于南门内，延祐二年（1315）又迁于南门外，后毁于兵。明代正德七年（1512），郡守熊桂重修紫阳书院，并亲自主教。正德十四年（1519），郡守张芹另建书院于紫阳山中。从此，歙县有两个紫阳书院，讲学之风称盛一时。明末四毁书院，两书院门庭冷落。清代，康熙、乾隆先后御题"学达性天""道脉薪传"两匾额。乾隆五十五年（1790），歙人曹文埴、鲍志道等于县学后朱文公祠旧址建"古紫阳书院"，重振讲学之风，桐城姚鼐曾讲学于此。清代咸丰、同治年间，两书院均遭兵毁，后筹工局拨款重修古紫阳书院，并改为校士馆。光绪三十三年（1907），紫阳师范学堂建立。此后，书院旧址均办有学校。现存"古紫阳书院"牌坊一座，耸立在歙县中学后的一个高坡上。

除了紫阳书院外，徽州还有宏村南湖书院、黟县碧阳书院、休宁海阳书院、雄村竹山书院、歙县问政书院等，不胜枚举。

二、民居建筑

徽州人整合了山越人"高床楼居式"干栏建筑和北方"地床院落式"单层四合院，建成地床+高床+天井的新型厅井楼居式民居，一般为两层，偶有三层，以砖、木、石材料为主，使用抬梁式和穿斗式木架构。

民居主体部分为带天井的三合院单元，又称"一明二暗"，这样的单元能在建筑前后、左右、上下拼接，形成多种平面形式，并能依地形自由灵活地"生长"。而天井具有采光、通风、防火、防盗等功能，每幢建筑相对独立，建筑与建筑之间以门相通，加强联系。民居的厨房、储藏间等附属部分根据周边环境、需要来设置，更为灵活多变。室外由高墙围合，墙面一般不设窗口，即便有，也是既高又小，以防火、防盗。马头墙是徽州民居的重大特色，耸然高出屋顶，随屋面坡度而变化，有"三山屏风""五岳朝天"等建筑形式，还出现了很多变体，不同形式的马头墙因建筑单体空间的组合而使外部空间的界面变化丰富，与天空、远山、林木浑然一体，丰富了村落"天际线"。门楼也是徽州民居的一大特色，门罩式、牌楼式、八字门等形式丰富了街巷空间，成为转折处的对景。大门、窗洞的点状，墙脊的线状与大片粉墙的面状一起构成了黑、白、灰的色彩基调和点、线、面的形体组合，与自然山水融为一体。

但在徽州并不都是典型的徽州民居，而是就地取材，建造适合当地人生活、居住的房屋。在歙县阳产村出现了土楼，墙身主要用当地的黏土夯实而成。还有以树皮或石头为材料的树皮屋或石屋，具有鲜明的地域特色。

（一）民居建筑的朝向

徽州民居大体以坐北朝南为主。"背山"能够阻挡冬季东北方向来的寒风，"面水"方便迎来夏季东南方向来的凉风，"朝阳"使村中日照更好，"近水"使居民方便取水。明清时期，由于徽商兴盛，徽州人在建房时尤其讲究朝向，正门一般不朝向正南方，而是常常为南偏东15度或者南偏西15度。根据现代技术研究，这正是当地的最佳住宅朝向。①

（二）民居建筑的平面形制

从单栋民居来看，主体建筑多以中轴线对称布局，方正紧凑，占地面积较小，有效使用面积较大。基本形制为三合院，即"凹"字形，通常为三开间。正中的厅堂为敞厅，主要是半开敞空间，较宽敞、明亮。两侧的卧室较狭小、阴暗。明代中叶以前，下层空间较低，上层较高，在楼上祭祖。明代后期及清代，下层空间变得较高，上层较低，日常活动主要在下层。

通过对三合院的组合形成了其他三种基本的建筑单元："口"字形、"H"字形、"日"字形。"口"字形是由两个三合院对接，中间一个天井，俗称"上下对堂"；"H"字形是由两个三合院相反连接，呈H形，两端各一个天井，三合院单元之间没有砖石墙体分隔；"日"字形是由两个三合院串联，两个三合院单元之间前后相通，没有砖石墙体分隔，这种形式一般只有主要出入口。

（三）民居建筑的空间布局

徽州民居在村落空间格局中最大的特点是组团布局，呈现集合的面状（块状街区）景观。形成这种特点的原因在于宗法制度的流行，聚族而居的直观表现就是血缘最近的家庭同堂（家祠）聚居，

---

① 中华人民共和国住房和城乡建设部.中国传统建筑解析与传承：安徽卷[M].北京：中国建筑工业出版社，2016.

宗族的繁衍表现为民居的"生长"，民居的组团"生长"则表现为村落空间扩展。

民居组团在村落中形成规模大小和形状各异的街区，街区之间界限清晰，外围高墙林立，封闭性和内聚性很强，"区"与"区"之间形成街巷空间。民居的组团方式主要有以下三种：第一，民居并联横向组合，宅第之间通过侧门贯通，使同一大家庭之间保持一种既分又合的空间关系；第二，纵向串联，两宅之间附加连廊或庭院实现分合，这种方式是第一种方式的变形，通常在并联方式受限制时采用；第三，庭院式组合，即各民居都有开设门户的庭院，以庭院作为民居的过渡空间。

这样的空间布局形式有利于节约土地资源，也因避免重复建设墙体而节省了建筑材料。

（四）局部细节

1. 天井

徽州的民居虽然格局统一，但变化丰富，天井起到了关键性的作用。徽派建筑的天井小而狭长，长宽比一般为 $5:1$，四周的屋顶均向着天井，雨水可以顺着屋面落入底部的水池或水缸，俗称"四水归堂"，寓意"肥水不流外人田"。天井在内部空间联系与导向上也起到了非常重要的作用，使室外与室内、大门与宅内、一层与二层之间的联系更紧密，内外空间良好过渡。

作为徽州民居的中心点，天井有排水、调节小气候、防火、防盗、采光、通风等功能：第一，雨水聚集在天井下方地面的蓄水池，满足了居民日常生活用水的同时，多余的雨水经明沟引出屋外，汇

图 3-10
徽派建筑中的天井

入村落的水圳，通往村外水口、溪流，形成良好的排水系统。第二，民居内部能通过天井正下方的蓄水池有效调节室内小气候。第三，民居大多是两层，内部高深的天井具有防火与防盗的作用。第四，由于民居四周都环以高墙，没有开窗，因此天井成为室内采光的主要来源。第五，民居在空间组织上主要以毗连的、带楼层的正屋和两厢围合而成的天井院为基本单位，形成过渡空间、联系空间、组合空间等，天井给建筑空间组合带来了灵活性。①

2. 粉墙黛瓦

粉墙黛瓦是徽州民居的突出特点，是指白色的墙、青黑色的瓦。粉墙的白石灰能吸湿气，保护墙体。这种色彩简洁而典雅，房屋在青山绿水间透着水墨韵味。

---

① 中华人民共和国住房和城乡建设部.中国传统建筑解析与传承：安徽卷[M].北京：中国建筑工业出版社，2016.

3. 马头墙

马头墙的形成,源于徽州人对于防火的需求。从构造来看,马头墙主要有"坐吻式""印斗式""鹊尾式"三种形式。坐吻式马头墙等级最高,此类马头墙层次多,构造复杂,工艺要求高,因此主要见于宏伟、华丽的祠堂、社屋、禅寺。印斗式马头墙等级次之,鹊尾式马头墙等级最低。当建筑群前后进马头墙制式不同时,按所谓"前武后文"分置,常

图 3-11　马头墙

以鹊尾式马头墙居前，印斗式马头墙殿后。

从建筑形式来看，马头墙的形状主要为阶梯状山墙，同一标高的一段，谓之一"档"，进深大，马头墙档数就多，但每坡屋面不会超过四档。多数马头墙的形式为二三档，俗称"三山屏风""五岳朝天"。因受当时江南地区建筑的影响，马头墙还有其他变体，如山墙两端横向，山尖部分呈三角形等。

马头墙因建筑群的组合呈现出各种韵律美，比如"单坡、单栋民居的马头墙表现连续的韵律；单幢数进民居表现渐变的韵律；连续的数进或高低不同的相邻两幢民居，呈现起伏的韵律；不同轴向的民居或相邻两幢高低相错的民居组合，则产生交错的韵律"等。马头墙之所以高低错落、变化万千，除了受到建筑群的影响以外，还受到地形和环境的影响——村落沿着溪流绵延，地形本身就有起落变化。[1]

4. 门楼

徽州民居的门楼是入口的标志。作为身份地位的象征，门楼是建筑中重点装饰的部分，在大面积粉墙衬托下，给人的印象十分深刻。门楼源于驱魔辟邪的"符镇"，进而发展成固定的石雕、砖雕门楼。按形式，徽州门楼大体可分为门罩式、牌楼式、八字门式三类。[2] 其中，门罩式是最简单的一种形式，位于门楣处，在徽州村落民居中比较常见；牌楼式即门坊，等级较高，常见的有单间双柱三楼、三间四柱五楼、三间四柱三楼；八字门式是门坊的一种变体，

---

[1] 中华人民共和国住房和城乡建设部. 中国传统建筑解析与传承：安徽卷[M]. 北京：中国建筑工业出版社，2016.
[2] 潘国泰，朱永春. 安徽古建筑：汉英对照[M]. 赵速梅，译. 合肥：安徽科学技术出版社，1999.

从平面形制来看，大门向内退一段距离，形成"八"字形，常用于做官人家。门楼上大多刻有精致的砖雕和石雕。

5. 隔扇

隔扇，又称"格子门"，最初是徽派建筑内部用于分隔的主要建筑构件，后来也用于山墙围合的建筑单体外立面。隔扇的高宽比没有严格规定，高度由地栿至枋下皮的距离来决定，宽度取决于开间或进深的宽度。清代中叶以前，徽派建筑中的隔扇风格简朴，以木格和柳条窗为多，雕饰有所节制。清代中叶以后，随着奢靡之风盛行，隔扇雕饰日趋华丽，花格图案和裙板木雕均趋于精巧。现存建筑中以绩溪龙川胡氏宗祠的隔扇最为精致，数量达128扇之多。

6. 飞来椅

飞来椅，常见于徽派建筑楼层中的弧形栏杆，形状由传统的鹅颈椅发展而来。因栏杆向外弯曲，超出檐柱的外侧，形状似椅靠背，所以又称"美人靠"。飞来椅主要见于府第内部，由于处于视线集中处，因此雕饰精美，与板壁、柳条窗等处的疏简风格形成对比。在明代建筑中，飞来椅装饰较简洁。相比之下，晚清建筑中梁、枋、窗等均雕刻成"满铺型"。晚清之后，飞来椅也常在临街店铺的外立面中出现。①

---

① 中华人民共和国住房和城乡建设部.中国传统建筑解析与传承：安徽卷[M].北京：中国建筑工业出版社，2016.

图 3-12　西溪南村的飞来椅

7. 色彩

徽州民居建筑群整体色彩不同于皇家建筑，是一种质朴典雅、内敛含蓄的色彩，建筑外部呈黑、白、灰色；建筑局部及室内以天然木色为主，少量施彩；黑色的瓦主要用于屋顶和马头墙墙脊等处。俯瞰整个村落时，黑色屋顶单坡向内形成的天井错落有致，颜色给人以沉稳、厚重感；在村中行走时，看到的是大面积的白色。马头墙墙脊上线状的黑色，门罩、小窗等面状、点状的黑色，再加上层层叠叠的白色山墙，形成了平实、自然的整体色彩，与周围的自然山水和谐共处、融为一体。

三、村落道路

（一）道路结构

徽州的大巷连接街道，小巷连接大巷，结构井然，体现了礼制内在的等级秩序。主巷里的是交通性道路，两旁是公共建筑（主要是祠堂）和商业性建筑。生活性巷道较曲折，空间界面丰富，宽度在2米左右，主要功能是连接较大的住宅团，通常曲折多变、空间层次丰富，人们可以感受到光影的变化和闲适的生活气息。祠堂两旁备弄里的道路直而狭窄，只能满足通过的需要，两旁是高耸的石墙面，有的是院墙，有的是封火墙，长度就是两侧几进宅院的长度。以西递村为例，交通性巷道有大路街、前边溪街、后边溪街等，生活性巷道有横路街、横弄等，备弄有祠堂上弄、祠堂下弄、司城第上弄等，内部道路网与穿村而过的古驿道形成了今西递村的道路系统。

（二）道路形态

徽州传统村落的民居大体上是矩形，所以沿民居形成的道路基本为直线形，形式发生变化的地方通常为民居的拐角处，或是祠堂和民居的交界位置。在有水系的前提下，为了迎合弯曲的水系，道路才呈现曲线形。街巷道路必须转折时，一般是曲尺形。

行走于一般直线形道路，前方景观一览无余，再加上墙高、巷窄，透视感增强，两侧的建筑物立面被迅速缩小，得不到充分展现，容易让人感觉单调。但在徽州传统村落街巷道路中的感受并非如此，一方面是存在许多道路节点，使直线形的街道变得曲折、错位、放大；另一方面是"第二次轮廓线"、拱门的出现丰富了空间层次。曲线形或折线形的街巷道路两侧在视线中所占比例有差别，随着视点的移动，一个侧界面迅速消失，另一个侧界面逐渐展现在人的眼前，自然产生较多的视觉变化。

徽州的民居依地形而建，民居外的道路上方因此有了高低错落的景观变化——道路受制于原始地形，也得益于原始地形。徽州的庭院为内向型院落，外墙多为不开窗的高墙，导致墙外的道路具有极大的封闭性，形成了窄巷、深弄的景观；当某些庭院的外墙较矮时，窄巷、深弄的压抑感就得以暂时缓解，有时行人甚至可以看到探出院墙的花木，因此略感亲切、怡然。

四、水体

春秋时期的管仲在《管子·水地》中说："地者，万物之本原，诸生之根菀也……水者，地之血气，如筋脉之通流者也。"这说明人们很早就认识到水在村落营建中的作用，将其比作大地的血脉。徽州先民大多选择有水的地方定居，江、河、溪流与村落的空间关系基本分为两种：一种为水体沿村落边缘流过，这种情况下村民常常开挖沟渠，引水穿村而过，更大地发挥水体的作用；另一种为水体穿过村落，水体是村落空间结构的"主线"。徽州传统村落中的水体主要分为线状的自然水道、人工水圳和面状的水口，村中的水景观主要是完善的水系形态、优美的水口空间和特别的水街形态等，体现了徽州人的风水学说和风俗习惯。

（一）河流

河流是影响村落选址的重要物质因素。流动的水满足了村民生活、生产之需，还起到了调节村落内部小气候和丰富村落景观的作用。穿村而过的河流通常在村落中形成水街，一般因水面较宽而发展为村落主街，建筑临水而建，跨河搭桥。沿村边缘曲折流过的河流，村民一般通过拦河筑坝和建水圳的方式引水入村，实现"家家门前有清泉"的效果。

（二）水圳

水圳在徽州传统村落中比较常见，常与街巷平行，增加了街巷的"动感"。它由地势略高处，九曲十八弯，沿巷穿室绕居，流向较低处，使村落生机盎然。它既是街巷道路旁的明沟，又是溪水穿村的水道，潺潺流水，淙淙不断，四通八达，连接百家。[①] 水圳经拦河筑坝引水分流而成，满足了村民生活饮用、洗涤、排污、防火、调节小气候、灌溉等需要，还有聚水敛财的象征意义。因引活水入村，水圳的功能与穿村而过的河流有异曲同工之处，是徽州人引水、

---

① 何颖，韦义洋. 徽州古村落水环境空间分析[J]. 安徽农业科学，2012（20）：10479-10482.

图 3-13　黟县碧山村的水圳

用水的成功范例,丰富了村落景观,完美实践和诠释了"天人合一"的哲学理念。徽州不少村落的水圳至今仍在发挥作用。

(三)水塘

水塘也是徽州村落中的重要水体,它们或"嵌"于村中,或"依"于村旁,或"生"于水口,不仅有蓄水、防火、调节小气候、丰富景观的作用,也是风水佳兆和财富积累的象征,比较著名的有宏村的南湖、月沼,宅坦村

徽州传统村落

图 3-14　黟县宏村的月沼

的九塘，以及唐模村的小西湖等。

　　从空间角度来看，水塘使相对较窄的线性空间转变为相对较宽的面状空间，形成了与广场类似的空间集散场所，旁边可以建祠堂、书院、牌坊等重要建筑。由于功能特殊，水塘常位于村落东南或中心，成为一个标志性场所。水塘除了满足村民浣洗等日常用途以外，还具备蓄水抗旱、防火救灾的功能。有些水塘的修建蕴含着强烈的风水意义和人们的期望。西递村的文峰和笔架山倒映在村内两个大水塘中，称为"笔蘸墨"，水塘边的青石条寓意"墨条",有了笔、墨,就可以做文章,甚至入仕为官了。现在看来,水塘不论是否含有风水意义和人们的期望,都方便了村民的生活,丰富了村落的景观,增强了村落的生机。

(四)水井

作为徽州传统村落水体的重要组成部分,水井(水)主要供人们饮用、浣洗,兼具消防应急功能。为了方便使用,水井周围多用条石砌筑成井台。考虑到分类用水、多人同时使用,井台往往设置成组合式,甚至有双眼井、三眼井等。除小部分水井位于私家庭院内以外,大部分水井均位于村内的公共空间(如聚集空间、休憩之处、街巷内等)。位于公共空间的水井所在地也是村民的交流场所,在汲水之际,村民常借机互通消息,增进感情。为了保证交通的顺畅,位于街巷的水井常建在街巷的一侧或街巷转角处。

五、绿化景观

(一)水口绿化

徽州传统村落内部较少有公共绿地,庭院也多为花草盆景,这与土地资源珍贵有关。然而,在村落的外围,与自然的连接处,可以看出徽州人对乡土植物的珍视与利用,比如祁门人、休宁人直接封育原生植被,分别建成了松潭水口林和严池水口林。

水口的林木是古村落中的重点保护对象之一,不准砍伐一树一木,"被村人视为一村风水的屏障,乃至全村命脉所系。因此,水口林往往即风水林,是村民的庇护神,得到全村人的保护。这种保护除自觉意识外,更以这种乡规民约予以强制"[1]。水口处大多为樟树、朴树、枫香、银杏、国槐、黄连木、乌桕、垂柳、苦槠等乡土乔木,灌木类较少;有的水口处也有实用型果木,比如石榴、柿子、枇杷等,体现出农家氛围。从建造方式来看,在封育原生植被的基础上建成的水口林为自然植物群;人工栽植的水口林,采用十几株列植或几十株丛植的方式,同样以自然式种植为主。植物配置通常没有固定模式,以乔木型落叶阔叶林为主,部分水口林中有少量观赏花灌木,草本类基本没有。徽州水口林呈现这种特点并非偶然,原因之一是受风水学说的影响,风水学说要求村落水口处藏风聚气,所以水口处必须栽种高大的乔木,才能阻挡风的流动,达到藏风聚气的目的;原因之二是水口有界定村内和村外不同空间的意义,同时具有休闲等实用功能,要求水口林必须是高大浓密的乔木林,才能起到明显的界定和强调入口的作用,满足人们的休闲需求。

此外,徽州的水口通常依地形、水流等随形就势来修建,植物景观层次简单,色彩统一,与整个村落古朴淡雅的基调相匹配,也与绿水青山的外围环境相协调。[2]

(二)庭院绿化

庭院是徽州建筑空间的一部分。村中建筑主要分为公共建筑和

---

[1] 程必定,汪建设,郑建新,等.徽州五千村:5:祁门县卷[M].合肥:黄山书社,2004.
[2] 甘琦.徽州传统聚落景观研究[D].北京:北京林业大学,2014.

民居建筑两类，这两类建筑的庭院绿化方式有所不同。

公共建筑由于规模较大，庭院面积也较大，一般以乔木、灌木搭配种植，书院的庭院就是这样。中国传统教育思想认为教育场所的优美环境对教育具有极大的促进作用，可以陶冶情操、激扬文思。雄村的竹山书院以八角楼为中心，周边以自然式栽种着数株桂花树，花台上栽种着桃树、杏树等，为书院营造了良好的治学环境。大部分祠堂内不种植物或仅仅摆放少数盆栽植物，比较特殊的是呈坎村的祠

图 3-15 徽派建筑的庭院

堂——庭院中的植物呈规则式，一侧种植桂花，一侧种植紫薇与罗汉松。

私家庭院中植物的配置会受到庭院的面积大小、庭院主人的爱好和品位的影响。大型庭院常以亭子、水榭、水池等为中心，或建造形状规则的花坛、花台；盆景的摆放在整体上有种方正规整的秩序感；再点缀几株乔木、灌木，使庭院显得疏朗有致、自由灵活。中型庭院的植物大多呈规则式，以盆景点缀为主，如宏村的居善堂、南屏村的抱一书斋等。在小型庭院（天井）中，多以水缸、花台、石板等作为视觉焦点的主体，点缀水生植物或摆放精致的盆景，以期达到小中见大的造景目的，表达了庭院主人对自然、美好生活的向往和追求。

（三）村落其他空间绿化

村落其他空间主要包括街巷、广场和水体周边。

徽州山多地少，村内建筑密度大，街巷空间狭小，几乎容纳不下任何道路绿化。只在某些位置，一般是村口或者村落边界上，有以风水树为中心的节点广场。这些节点广场是村民休闲、集会的重要公共场所，所栽植的风水树往往随着岁月的流逝而成为当地的标志物。如宏村村口有两棵500年树龄的古树，一棵枫杨树（当地人称"红杨树"），一棵银杏树（当地人称"白果树"）。过去，村民结婚，新娘的花轿要绕着枫杨树转个大圈，寓意夫妻百年好合、洪（红）福齐天；高寿老人辞世办丧事，要抬着寿棺绕着银杏树转个大圈，寓意子孙满堂、高福高寿。由于风水树意义重大，多选用长寿、抗逆性强的树种，如银杏、枫杨、枫香、香樟、黄连木等。[①]

水体周边绿化通常有两种情况：一是自然河流周边生长的自然植被，它们与河流一起构成野趣盎然的乡野景观，如晓起村、南屏村、坑口村等；二是人工水系旁的绿化，如水街两侧密集的建筑物临水而建，大多是硬质的铺装与建筑，偶尔会有一两棵树木点缀，如屏山村、李坑村、唐模村等。

六、其他物质元素

（一）桥

有水必有桥，桥在徽州传统村落中是非常普遍的一类景观要素，数量众多，式样各异，同时具备交通、节点、景观等多种功能。桥调和了徽州传统村落古拙、凝重的景观意象，使村落景观更显丰富、灵动。桥的造型灵活多变，与廊、亭、阁、屋组合形成廊桥、亭桥、阁桥、屋桥等，景观功能更加突显。

"川河似练水如天，千年徽州皆古桥。"徽州的古桥类型丰富，从建筑材料来看，可分为石桥、木桥、砖桥以及木石混筑桥，石拱桥数量最多，用料绝大部分为耐腐茶园石或红砂岩。石拱桥数量最多的原因是：第一，徽州的山区石材较多；第二，拱桥桥面远高于水面，便于人们躲避频繁暴发的山洪。从造型来看，有拱桥和板桥之分，还有曲桥、平桥、廊桥和亭桥，造型多样，设计精巧。这些

---

① 甘琦.徽州传统聚落景观研究[D].北京：北京林业大学，2014.

图 3-16　呈坎村的石桥

古桥或横跨于崖壁涧溪之上，或长卧于古驿阡陌之中，或点缀在村落的水口园林之内，它们打破了河流单一的线性空间，增加了河流景观的层次感，成为河岸景观的异质点。行人可在桥上驻足观赏，也可与岸边的人在不同的高度进行交流。①

桥的类型不同，所处环境不同，对村落景观产生的影响也就不同。徽州的许多桥位于村口，它们离村落主体有一段距离，是村落人

---

① 甘琦.徽州传统聚落景观研究[D].北京：北京林业大学，2014.

工空间和自然空间之间的过渡空间和连接物。在远离村落的地方向村落眺望,首先看到村口的桥,此时桥为近景,村落位于桥后,成为背景和远景,此时村落显得有层次感,桥、村落以及周边的自然环境共同组成了优美的构图。位于村口的桥常常是通往村落的必经之路,常常被看作村落的标志,给人留下深刻的印象。除了位于村口的桥外,为了方便村民耕作,徽州也有不少桥位于村落之郊的田边地头,它们虽然远离村落,但与自然环境的联系更加紧密,更富有自然情趣。

(二)戏台

历史上,徽州的一些名门望族或者比较大的村落,都搭建了砖木结构的固定戏台。这些戏台与京城会馆里的戏台不同,也与北方农村的戏台和花戏楼不同,因为这些戏台不单单是演出的场所,有着娱乐功能,在更大的程度上,它们承担着宗族教化的功能,以一种潜移默化的方式维系着宗族血缘关系与宗法地位。

那些永久性的戏台,绝大部分就建在宗祠里,一般在仪门的前厅,与寝堂相对。祖宗的牌位正对着戏台,族中支丁演戏时,要打开享堂的隔门,与他们心目中祖宗的在天之灵一起欢乐。也有少数戏台是独立设置的。建于清代光绪元年(1875)的歙县吴宅戏园是一个家庭戏台,建在宅厅后院。建于民国初年的歙县璜田戏台是从宗祠中脱离出来的,专门用于演戏,它坐南朝北,前有广场,开间15米,进深10米,脊高10米,台口呈"八"字形,门楣饰以精美的木雕。

（三）山体

与水一样，山体也是村落选址和布局过程中的基础物质要素。如同城市"天际线"，村落的山体轮廓线容易形成自然观赏性景观，许多谱牒中关于村落"八景""十景"的描述即可佐证。此类景观一般与人工居住空间保持一定空间距离，由护卫村落的山体、林木和其他自然景观构成。根据村落的定义，那些属于村落且距人工建筑区较近的山体是村落景观的重要构成要素。

（四）塔

千仞宝塔，摩天齐云。多少年来，徽州的古塔历经风吹雨打、战乱人祸，一如往昔地耸立着。它们以挺立的姿态，无言地传递着岁月的声音；也像一个个路标，为那些陌生的人指引着方向，让他们深入徽州内部，追寻一个个古老的故事。塔有多种类型，大多置

图 3-17
婺源县浙源乡凤山村的龙天塔

于村落周边低山或水口区。事实上，塔在徽州并不是非常普遍的村落景观要素，通常在那些财力雄厚的旺姓大村方可见到。

（五）亭台楼阁

亭台楼阁的形式和建筑风格极其丰富，在村落整体景观构成中与桥一样，属于"动"类要素，与民居建筑的规整、庄重形成鲜明对比，是村落主要的景观性建筑，一般作为藏书、聚会、休闲、观景之用。亭台楼阁也常常是重要的水口建筑，并经常与牌坊、桥、祠堂组群建设。

第四章 徽州传统村落的非物质文化景观

第一节
徽州传统村落里的民俗景观

一、节庆活动

徽州历经三次大移民，同其他文化区的文化交流也在不断发展，渐渐形成了既有全国普遍性，又有地域特殊性的节日习俗。这些节日习俗的产生、发展和演变，不仅反映了徽州不同历史阶段社会、经济和文化的发展水平，而且反映了徽州百姓的喜怒哀乐，是徽文化的重要组成部分。

徽州的传统节日名目繁多，几乎一年四季中的每个月都有一些全徽州或局部地域性的节日。这些节日内容丰富多彩，形式复杂多样。其中，既有具鲜明农事特色的节日，也有庄严肃穆的祭祀性节日；既有庆贺性的喜庆节日，也有娱乐性的社交、游乐节日；更有许多纪念性节日、宗教性节日。

农事性节日是指与农、林、牧、副、渔业等相关的节日，人们会在这些节日的当天举行各种各样的活动，比如徽州立春时的"鞭打春牛"、春祈秋报等。在徽州民间普遍流传的二十四节气谣谚是农事性节日的重要表现，另外还有立春日的立春节、立春后第五个戊日的春社、二月初二的花朝节等。

祭祀性节日是祭祀天地、神灵和祖先，以祈福禳灾、祛恶避瘟和趋吉避凶等为目的的节日。在尊崇祖先和神灵的徽州，祭祀性节日在整个节日民俗中具有极其重要的地位，大部分传统节日都有祭祀性活动。从春节时祭祀祖先、二月初二祭祀土地神、清明节扫墓挂纸，到五月初一五猖庙会祀五猖、端午节祭祀屈原，再到腊月二十三或二十四祭祀灶神，等等，祭祀活动几乎渗透于徽州各大传统节日中。若再细分，徽州的祭祀性节日主要有四类：祭祀圣贤、先师、先哲的节日，祭祀捍卫保障乡土的地方神灵的节日，祭祀山川、风、雷、电等自然神灵的节日，祭祀被奉为典型的孝悌忠义之辈的节日。

庆贺性节日一般以喜庆丰收、祝福人畜两旺、祈求平安幸福为主题，以娱乐活动为主，处处洋溢着热闹祥和的喜庆气息。庆贺性节日有一定的连续性和周期性，一般以年为周期，即所谓的"岁时节日"。在包括徽州在内的汉民族聚居地，端午节、中秋节和春节是一年中的大型庆贺性节日。以春节为例，严格来说，和全国其他汉族聚居地区一样，徽州在小年送过灶神之后，春节就慢慢开始了，宰猪杀鸡、购买年货、书挂春联、打扫卫生等，一切皆围绕着庆贺活动的高潮进行。整个春节期间，大家互相拜年、会饮，张灯结彩，并举行一系列庆祝活动。到了正月十八，人们才开始下地备耕或外出经商。

在徽州的宗教性节日中，佛教的节日较多，主要有二月十九的观音菩萨生日纪念、四月初八的浴佛节、七月三十的地藏王圣诞等。还有一些其他宗教的节日、纪念乡土神灵和先祖的节日，比如正月十八以纪念保卫乡土有功的越国公汪华为主题的祭汪公活动。

二、婚丧嫁娶

（一）婚礼

婚礼是人生之大礼。徽州的婚礼习俗一般遵循传统的"六礼"，只是在不同县乡、不同时期，其程序和名称略有变化。六礼分别是纳采、问名、纳吉、纳征、请期和亲迎，所谓"昏（婚）礼尚门阀、齐年齿，下达之后，六礼必备，无论贫富，皆有其文"。在徽州，纳采和问名是一起进行的，实际上就是婚礼的议婚阶段；但很多地区的婚俗中"无亲迎礼"，特别是在歙县，"婚嫁亲迎，歙俗行者绝少"，因此常将"亲迎"改称为"迎娶"。

（二）丧葬礼

"生在苏州，长在扬州，死在徽州"，这是明清时期很多徽州人的理想，也是他们引为自豪的生活理念。由于徽州人相信死者能给生者带来福禄财气或其他好运气，因此，他们对死者的丧葬仪礼很重视，而且以朱熹的《家礼》为依据。具体而言，大致按照下列程序进行：

1. 送终与报讣

在徽州，老人病危时，儿孙要临床服侍，听取遗言。一旦断气，均须跪下呼唤，并看准时辰，往死者口中放置"口含钱"，亦有以玉置于死者口中者，大哭送终永诀，此谓"送终"。报讣即向死者亲朋好友报丧。在婺源，报讣者持一伞进门，将伞尖朝下，放在八仙桌下，人则一言不发。这样，对方即知有亲友故知去世，但不知死者为何人。主人备上茶水，报讣者饮上一口茶水后，再道以死者身份，送上讣状帖文。

2. 入殓和吊唁

死者着衣并放入棺材称为"入殓"。在徽州，入殓有大殓和小殓两道程序。通常，"死之次日，尸沐浴着衣"为小殓，"死之三日，尸下棺"为大殓。入殓时，要将尸体摆正，头枕瓦，脚垫砖，头两边用瓦砌紧。死者一般头戴道士帽，帽上缀有玉石，手中握有金银，鞋尖钉珍珠，并将死者生前心爱之物放入棺内。如死者为女性，还要放一把折断的木梳。这些都隐含着来世金口玉言、手握财富和前途远大光明之意。死者亲友故交在收到报讣帖文后，根据与死者的亲疏情况，决定是否前往吊唁，通常友人死，不赴者不吊；亲戚死，必吊。吊仪，必携锡箔纸钱、香烛。如系长亲，必亲赴挽送，逾数日再唁生者，多用猪肉、桂圆、枣等物品，亦有用贵重物品者。

3. 请士夫、挖墓穴和关殓

请士夫主要是请挖土和抬丧之人。徽州人重堪舆风水，每寻墓穴必请堪舆先生精心选择，一般富裕人家在死者未死之前，就已经选择、营造好墓穴。请士夫主要是由死者子孙并共房族长下跪相请，被请者一般不推辞。在明清时期，挖土和抬丧之人主要由仆役承担。关殓是盖棺的意思，通常在死者直系亲属全部到齐后，男女分列两班，号啕大哭，仆役掀开棺盖，剪去死者面部覆盖的丝绵，让亲属见死者，以示最后诀别，然后盖棺。在开棺时，由死者亲属向棺中撒子孙饭，盖上家人准备的棉被。①

三、其他民俗

（一）生产习俗

作为山隔壤阻的山区，徽州不少民俗与其他地区不一样，从山区的物产到民间的田地计亩、土地租佃和买卖，以及围绕"前世不修，生在徽州；十三四岁，往外一丢"中心的经商民俗，都透露了徽州的民俗特征。以耕地产量计算土地面积的计亩民俗，以永佃权和佃仆制为核心的租佃民俗，以土地所有权和使用权分离为基础的土地买卖民俗，以少小离家、新婚之别等辛酸往事为代价的经商民俗，既反映了徽州人生活中的无奈，也是徽州人后来致富的源头……

1. 山区经济民俗

唐宋以来的徽州人倚仗丰厚的山区林业资源发展经济，才使徽州社会、经济快速发展，也出现了一些与林业有关的民俗。为禁止人们乱砍滥伐树木，许多宗族聚居的村落以宗族的名义制定村规俗约，对盗砍林木行为进行约束和打击。在徽州，树神观念深入人心，有的地方人在外地死了，说是灵魂不能归宗，只有在大树下拜一下树神，默求树神开恩，把亡灵收回。在休宁岭南和流口一带，至今

---

① 卞利. 徽州民俗[M]. 合肥：安徽人民出版社，2005.

还流传着杀猪封山护林的传说。

徽州的经济是典型的山区经济,并不是说徽州没有农业,没有农业习俗。事实上,徽州的农业和林业几乎并重,因此也有许多农业民俗。在歙县、绩溪和婺源等地,人们在安苗秧时,为了获得丰收,甚至专门祭祀土地神、田公和田母。在歙县,农民开秧种田时,也专门设宴拜请田公、田母。

2. 土地租佃和买卖民俗

过去,徽州的租佃习俗相当复杂,地租中的分成制与定额制普遍存在,劳役地租成分很大,以佃为仆也十分盛行。

在徽州租佃制中,还有一点很特别——土地权利被分成所有权和使用权之后,土地的所有权被称为"田骨",土地的使用权被称为"田皮"。田皮不但可以有偿转让,还可以像田骨一样自由买卖,只是与田骨买卖的名称不同而已。在土地买卖中,明清至民国年间,有大买与小买之分。此外,还有一种土地买卖习俗——活卖、绝卖、找价。活卖不是一次性将土地所有权及其他权利卖断。绝卖又称"永卖",即一次性将土地所有权全部卖断。但由于土地价格一直呈上涨之势,因此早卖出土地的人往往觉得卖的价格偏低,于是便开始向原先的买主寻求补偿,这就是找价,亦称"找不敷"。找价习俗在明初即已在徽州个别地区出现,明代中叶以后,随着土地价格的飞涨,"田少而值昂",素有"寸土寸金"之誉的徽州,找价之风大盛。值得注意的是,关于找价的习俗和行为,明代封建官府是不予承认的,找价被作为恶风陋俗受到严禁;但徽州的找价行为却一直在暗中进行着。清代,找价行为渐趋合法化,在雍正、乾隆时期,《大清律例》认可了这种行为,徽州的找价习俗也得以公开进行了。

3. 经商民俗

早在东晋时期，就有新安商人活动的记载。不过，作为一种松散的商人帮伙，徽商形成于明代中叶。徽州商帮的出现正是基于徽州经商民俗的推动。徽州经商民俗的形成，是山多田少、人多地寡的人地矛盾突出所致，也得益于徽州人思想观念的变化。在徽州，人们并未将经商视为畏途，也没有恪守传统的农本商末观念，不求进取；相反，在人多地少矛盾的刺激和东南沿海商品经济的影响下，徽州人逐渐转变了贱商的观念，对商人和传统的农本商末观念进行了认真而实际的思考。于是，读书入仕和经营商业成为徽州人解决生计问题的两条重要出路。

(二) 生活习俗

1. 居住习俗

在居住方面，徽州最大的特点就是聚族而居，体现了徽州人的宗族思想，"相逢哪用通姓名，但问高居何处村"（徽州人在路上相见，无须报出姓名，只要说住在哪个村子，就知道各自的姓氏了）或许是宗族聚居的直接反映。古徽州商家因为"商属金，南方属火，火克金，不吉利"，所以大门不朝南，形成朝北居；常用"商"字门装饰，上面一点是个元宝，代表效益，下面两个门框由人进出，代表"商"字中间的"人""口"二字。一屋多进，一般是一个家庭支系住一进，中门关闭，各家独户过日子；中门打开，一个大门进出祭奠先人；每进一堂便高一级，俗称"步步高升"。厅堂正壁的长条桌上正中摆一长鸣钟，准点自鸣，"长鸣"谐音"长命"；钟两边，东侧置古瓷花瓶，西侧置雕花架玻璃镜，取谐音"东平西静"之意；钟声、瓶、镜的谐音寓意"终生平静""岁岁安祥"。

2. 服饰习俗

衣能蔽体、食能果腹是旧时徽州普通民众的基本生活追求。除此之外，服饰因年龄、性别、身份、职业、贫富和精神生活的需要而有区别，在不经意间给人们带来美和丑的直观感受，有时从服饰中还能隐约感受到社会的变化和时代的变迁。

3. 饮食习俗

徽州水秀山明，气候温润，降水充沛，适合茶叶的生长与栽培，植茶始于南朝，唐代已成为全国著名的产茶区，白居易的诗句"商人重利轻别离，前月浮梁买茶去"，说的就是祁门西南地区（原属浮梁）人来人往的热闹茶市景象。现在，徽茶的代表有黄山毛峰、黄山金毫、祁门红茶、茗洲炒青、屯溪绿茶、婺源绿茶、休宁松萝、顶谷大方、金山时雨等。最著名的饮茶习俗莫过于"吃三茶"了：一是每天早、午、晚三次必须饮茶，二是接待贵客的"吃三茶"。前者非常容易理解，后者指的是如果贵客造访，就要上三种茶：第一道是枣栗茶——不是用枣和板栗泡的茶，而是就着蜜枣和糖炒板栗吃茶；第二道是鸡蛋茶——用五香煮鸡蛋佐茶；第三道是清茶。吃的时候重在品茶。除了款待贵客，有的地方全家人过春节或春节期间亲戚来家拜年时也会"吃三茶"。

围绕食物形成的不同民俗文化是中国传统文化中的重要组成部分。尽管过去因食物匮乏，大量徽州人不得不背井离乡，远赴全国各地经商，但还是形成了节俭和奢侈两种迥然不同的饮食习惯。至于以山珍野味为特色的八大菜系之一的徽菜，则是徽州饮食民俗在发展中逐渐形成的地域性饮食文化。[1]菜系形成之初，在山民的家厨中只能称为土菜。进入市场以后，徽厨们在保持徽菜自身特点的基础上，对民间菜肴进行深入挖掘、悉心整理、精心加工，并吸收和融合其他菜系的优点，使原来的土菜从材料的选用、烹调的技艺、菜品的寓意等方面进入了更高层次。

第二节
徽州传统村落的宗族文化景观[2]

一、徽州宗族社会概况

从《新安名族志》的记载来看，徽州宗族基本上来自中原。宗族制度最初在社会上层实行，与政治制度密切相关。从北宋开始，宗族制度与政治制度脱钩，由上层向基层渗透，逐渐形成尊祖、敬宗、睦族等宗旨。"尊祖"必叙谱牒，"敬宗"当建祠堂，"睦族"需有族产赈济，有谱、有祠、有田成为这种宗族制度的特征。在形

---

[1] 卞利.徽州民俗[M].合肥：安徽人民出版社，2005.
[2] 宗族文化包含祠堂、族谱、民居等物质文化，但祖先崇拜、宗族感情、耕读文化、祖训家规等属于非物质文化，且徽州宗族文化在整个中国都是非常特别的，因此本书将徽州宗族文化归为非物质文化。

成过程中，主要是下列因素在起作用：一是地理与区位要素，二是经济要素——徽商，三是文化要素——新安理学。

迁到徽州的氏族大多以自己的始祖或迁祖为中心，集居繁衍，形成宗族，常以族姓命名居住地。据《新安名族志》记载，仅歙县就有近20个族是用自己的族姓来命名的，比如黄村、王村、郑村、方村、许村等。据《春帆纪程》记载："徽俗，士夫巨室，多处于乡，每一村落，聚族而居，不杂他姓。其间社则有屋，宗则有祠，支派有谱，源流难以混淆。主仆攸分，冠裳不容倒置。"赵吉士在《寄园寄所寄》中也指出："新安各姓，聚族而居，绝无一杂姓搀入者，其风最为近古。""不杂他姓""绝无一杂姓搀入"说的就是单姓村。

当原来的居住地发生地狭人稠的矛盾后，开始分居他乡。一般是一族聚居一村，也有的按房系分居几村，还有的累世同居。宗族设族长，族下各分房设房长，分房下有数个至数十个独立的小家庭。有的宗族设有宗子作为祖宗代言人，是一族的精神领袖，主持祭祀大典。没有设宗子的宗族，由族长兼任，既代祖宗立言行事，又统管全族事务。由于村落和族姓相连，族长往往还是村落首领。

二、族规家法

（一）族规家法的内容

宗族主要通过制定宗族社会行为规范来加强管理，即族规。徽州宗族的族规主要形成于明代中叶，内容涉及宗族社会生活的各个

方面。这些族规也被称为"宗规""家规""家法"等,但内容大同小异、性质相同,大致包括以下几个部分:

1. 伦理道德

族规家法以封建伦理道德为核心,而封建伦理道德又以"忠""孝"为核心。族规家法将这些伦理道德具体化、日常化、规范化,将抽象的道德变成具体的带有强制性的日常行为规范。

"君为臣纲"是封建纲常的第一条。《休宁宣仁王氏族谱·家规》开篇就是《圣谕当遵》,歙县《仙源吴氏宗谱》开卷就是《圣谕广训》。徽州人把封建皇帝的"圣谕"作为制定族规家法的纲领,把族规家法视为"圣谕的注脚"[1]。有的宗族在祭祖时,还在祠堂"特加宣诵,名宜体行,共成美俗"[2]。绩溪《明经胡氏龙井派宗谱》训忠条要求入仕的宗族子弟"在位而恪供乃职,始不负于朝廷,乃有光于宗祖"[3]。婺源《武口王氏统宗世谱·庭训八则》忠字条要求入仕的宗族子弟"公尔忘私,国尔忘家"[4]。

"父为子纲"是封建纲常的第二条。百善孝为先,徽州宗族对孝极为重视,关于孝的规定在明清徽州族规家法中占有极为重要的地位。绩溪县华阳邵氏宗族的《家规》孝亲条:"孝为百行之原,人子所当自尽者,大而扬名显亲,小而承颜顺志,皆孝也。"[5]歙县《金山洪氏家谱》:"孝为百行之先,孝弟乃仁之本。故人能立身行道,显亲扬名,此固孝之大者;即不然,服劳奉养,昏定晨省,以

---

[1][2] 王宗本.休宁宣仁王氏族谱[M].[出版地不详]:[出版者不详],1610.
[3] 胡宝铎,胡宣铎.明经胡氏龙井派宗谱[M].[出版地不详]:[出版者不详],1921.
[4] 王铣.武口王氏统宗世谱[M].[出版地不详]:[出版者不详],1570.
[5] 邵玉琳,邵彦彬.华阳邵氏宗谱[M].[出版地不详]:[出版者不详],1910.

无忝所生，亦不失为人子。"婺源《武口王氏统宗世谱·庭训八则》第一则就是"孝"，文曰："生我者谁？育我者谁？择师而教我者谁？虽生事葬祭，殚力无遗，未克酬其万一。苟其或缺，滔天之罪，尚何可言。"

在明清徽州族规家法中，关于"礼"的规定条目最多、篇幅最大。朱熹的《家礼》对徽州的影响很大，徽州人认为《家礼》"炳如日星"，是宗族的经典；他们"遵行《家礼》，率以为常"，一切行动，"非敢于《家礼》有所损益也"。① 婺源《武口王氏统宗世谱·庭训八则》关于礼的规定是："人之有礼，犹物之有规矩，非规矩不能成物，非礼何以成人？故凡一身之中，动息作止，慎勿以细行忽之。"休宁《茗洲吴氏家典》记载："礼原于天，具于性，见于人伦、日用、昏、冠、丧、祭之间。"《休宁宣仁王氏族谱》记载："先王制冠、婚、丧、祭四礼，以范后人，载在《性理大全》及《家礼仪节》者，皆奉国朝颁降者也，民生日用常行，此为最切。惟礼则成父道，成子道，成夫妇之道，无礼则禽兽耳！"②

徽州宗族很重视"义"，在族规家法中做了重要规定。婺源《武口王氏统宗世谱·庭训八则》记载："尚义之与任侠，大是不同。任侠者，近于慷慨，然亦不无过举；尚义者，审事几揆轻重，非穷理尽性不能。"绩溪《明经胡氏龙井派宗谱》记载："仁人正谊不谋利，儒者重礼而轻财。然仁爱先以亲亲孝友，终于任恤。辟家塾而教秀，刘先哲具有成规；置义田以赈贫，范夫子行兹盛举。"③

---

① 吴翟，刘梦芙. 茗洲吴氏家典[M]. 合肥：黄山书社，2006.
② 王宗本. 休宁宣仁王氏族谱[M]. [出版地不详]：[出版者不详]，1610.
③ 胡宝铎，胡宣铎. 明经胡氏龙井派宗谱[M]. [出版地不详]：[出版者不详]，1921.

2. 宗族秩序

徽州的族规家法都规定了同族之间要和睦相处、尊卑分明、长幼有序。歙县潭渡黄氏宗族《潭渡黄氏族谱》规定："子孙受长上呵责，不论是非，但当俯首默受，毋得分理。"[①]《休宁宣仁王氏族谱》记载："同族者实有名分，兄弟叔侄彼此称呼，自有定序……我族於趋拜，必祈於恭，言语必祈於逊，坐次必祈依於先后，不论近宗远宗，俱照名分序列，情实亲洽，心更相安……若同族义男，亦必严遵约束，不得凌犯疏房长上，有失族谊。"在历史上，徽州宗族以昭穆世次排辈分，但尊敬耆老也是一种普遍的社会风尚，有的宗族还单列条文并写入族规家法中。

3. 宗族的日常管理

宗族的日常管理事务主要是奖善惩恶、兴利除弊、经营族业、维护公益、济贫扶困，一切事务都必须在族规家法名义下进行。管理体制一般分为族长制和司事轮值制。其中，族长制是由朱熹在《家礼》中强调家长权威地位引申扩大而产生的。族长具有地方父母官所没有的"通"骨肉之"情"的特殊身份，他可以代祖宗立言，替祖宗行事，凌驾于一族之上，对族众具有不可冒犯的权威。族长主管族内一切事务，包括主持祭祀礼仪、分配族产、维护家法宗规、解决族内争端等，但不具体经管族产和琐务。族长以下各门设门长，各房设房长，以管辖各门各房的具体事务。

尊祖祭祖是宗族产生的本源，族规对祭祀规定得也很详细。祭祀分为祭祖和祭神两类，祭祖又有祠祭、墓祭之分，祭神则包括赛

---

① 黄玄豹，黄景瑄，黄臣槐. 潭渡黄氏族谱[M].[出版地不详]：[出版者不详]，1731.

会等形式。祠祭在祠堂举行，主要有元旦拜祭和四时祭。墓祭以清明为大祭。

族产管理一般为轮值制，族产管理人称"祠正"或"司事"，由族众推选产生。如《窦山公家议》规定："管理众事，每年五房各一人轮值，一年事完，先期邀下年接管人算明，将所领家议手册填注明白，复别具一册，填下年接管人名。"也有固定管理人员，世代相传的，如歙县棠樾鲍丙先之父，从清代康熙年间开始管理宗祠产业，丙先继之经管，丙先之子盛棠、盛棠之子琮先后继承父志经管。

严惩赌博、盗窃行为，如嘉庆《黟县南屏叶氏族谱·祖训家风·禁邪僻》规定："族中邪僻之禁至详，而所尤严者赌博。赌博之禁，业经百余年，间有犯者，宗祠内板责三十，士庶老弱，概不少贷。许有志子弟访获，祠内给奖励银二十两。恐年久禁弛，于乾隆十四年加禁，乾隆四十三年加禁，嘉庆十四年又加禁。历今恪守无违，后嗣各宜自凛。"绩溪《明经胡氏龙井派宗谱》规定："天地之间，物各有主。乃有不轨之徒，临财起意，纳履瓜田，见利生心，整冠李下，鼠窃狗偷。此等匪人，宜加惩戒。如盗瓜菜、稻草、麦秆之属，罚银五钱；盗五谷、薪木、塘鱼之属，罚银三两，入公堂演戏示禁。其穿窬夜窃者，捉获有据，即行黜革。"[①]

4. 婚姻、家庭等内部民事关系

婚配要求门当户对，良贱不得为婚。对于违反这条规定的人，要给予严厉的惩罚，开除族籍，革出祠堂。《泾川万氏宗谱·家规》

[①] 胡宝铎，胡宣铎. 明经胡氏龙井派宗谱[M].[出版地不详]：[出版者不详]，1921.

规定:"凡议婚纳配,须鸣族商议,果系名门,方许缔姻。如不鸣众或门户不相当者,合族共斥,谱削不书。"婺源严田李氏宗族也规定"婚女不计良贱者",在宗族修订族谱时,要"泯其名号、行等、卒葬,示黜之以垂戒也"。

妇女要恪守贞洁,徽州的许多家法都对此做了严格的规定,比如要别男女,肃闺门;要三从四德,做贤妻良母;要从一而终,苦志贞守。《休宁宣仁王氏族谱》规定:妇女"不幸寡居,则丹心铁石,白首冰霜"[1]。历史上,徽州曾有许多贞洁烈女,境内牌坊林立。在忠、孝、节、义四大类牌坊中,节烈坊最多,表彰的人数也较多,比如在歙县棠樾鲍氏宗族牌坊群7座牌坊中,有2座是妇女节孝坊;位于歙县新南街的贞烈砖坊表彰的是"徽州府属孝贞烈节六万五千零七十八名"。

5. 纠纷处理方式和对触犯族规家法者的惩罚方式

在纠纷处理方式上,许多宗族的族规都规定,族内的斗殴、户婚、田土等一般争讼由族长解决,不许擅上官府。徽州洪氏宗族规定:"族中互相竞田土大小等事,不许竞自赴官陈告,务要投明族众,会议是否。"对于违犯习惯法的案件,由族长、房长会同族中耆老乡绅有名望者一起处理。《新安程氏阖族条规》规定:"不孝不悌者,众执于祠,切责之,痛责之。"《重修古歙东门许氏宗谱》规定:"凡因小过、情有可宥者,而欲尽抵于法,亦非所以爱之也。莫若执之于祠,祖宗临之,族长正、副斥其过而正之,箠楚以加之,

---

[1] 王宗本. 休宁宣仁王氏族谱[M]. [出版地不详]:[出版者不详],1610.

庶其能改而不为官府之累，其明刑弼教之行于家者乎？"①由族长于祖宗神前惩处，表明宗族审判的正当性和权威性。

对于触犯族规家法者，惩罚方式有训诫和罚跪、祠堂笞杖、出族、鸣官等方式。

训诫和罚跪，婺源游山董氏宗族族规家法规定："为人子者，必须听从父母的教诲，对父母和颜悦色，赡养服侍。不准遗弃，不准虐待，不准打骂。违者，洞开祠堂大门，执至祠堂，依据情节轻重，或训斥教育，或烧香罚跪。"宗族子弟，"不准游手好闲，吃喝玩乐；聚众斗殴，惹是生非；更不准聚众赌博，败坏家业。违者，酌情惩处，或唤至祠堂教育、训斥，或执至祠堂焚香罚跪"②。

祠堂笞杖，歙县呈坎前、后罗氏宗族族规家法规定，对不赡养父母和虐待、打骂父母者，轻则唤至祠堂训斥、教育；重则执至祠堂，当众笞杖。《重修古歙东门许氏宗谱》规定："一族之人有长者焉，分莫逾而年莫加，年弥高则德弥邵（昭），合族尊敬而推崇之，有事必禀命焉……凡我族人知所敬信，庶令推行而人莫之敢犯也。其有抗违故犯者，执而笞之。"③

出族，徽州程氏宗谱规定，毁坏宗谱者，要从族谱除名，生不得入先祠，死不得入先墓。黟县南屏叶氏宗族族规家法规定："有不孝支丁，族长、房长和缙绅集体即开祠堂大门，将犯者唤至祠堂，轻者教育、训斥，重者杖责惩处；杖责不改，即书白纸字条，横贴祠堂门外，《支丁名册》除名，革除族籍。"④《休宁刘氏族

---

① ③ 许登瀛.重修古歙东门许氏宗谱[M].[出版地不详]：[出版者不详]，1741.
② 赵华富.婺源县游山董氏宗族调查研究[J].徽学，2002（0）：26-57.
④ 赵华富.黟县南屏叶氏宗族调查研究报告[J].徽州社会科学，1994（2）：39-49.

谱》规定："子孙有作过饰非，败伦伤化及盗卖墓地，侵祭田，货贿谱牒，实不才不肖，莫可救药，众当屏斥除名，仍列所犯于祠，儆乃族类。"

鸣官，由族众扭送官府，族长出面，要求官府处理。如《休宁刘氏族谱》规定，货贿谱牒者要"鼓于祠，削其名；鸣于官，正其罪"。安徽张氏宗祠则告示："本祠门前河道，上至双港口，下至水口横潭，并东边河道，上至桥头上，前经请示禁养河鱼，历遵无异。近有不肖支丁，肆行无忌，持竿沿钓，更有无耻之徒，胆敢袒裼裸裎，入河摸鱼……严行加禁，嗣后敢有如仍在禁河竿钓摸鱼者，定行呈官处治，决不轻恕。"①

（二）族规家法的作用

徽州的族规家法是以族长为核心的房长、乡绅统治者们制定的，旨在巩固宗族统治、促进宗族的发展。如《汪氏族规》规定："越国之裔，椒实蕃衍允矣，新安之巨室也。然梧槚之林，不能无樲棘矣。君子惧其族之将圮也，思有以维持安全之，于是作为家规，以垂范于厥宗……是故敦本所以崇德也，勤职所以广业也，息讼所以厚俗也。德崇、业广、俗厚，家其弗延矣乎？"歙县《方氏家谱》记载："百族之家，情以人殊，虽不能悉为淳良，然其自弃者可劝，自暴者可惩也。睦族君子于其善之所当勉，与不善之所当戒者，编为宗约。歆之以作德之休，使跃然而知趋；示之以作伪之拙，使竦然而知避。条分目析，衡平鉴明，而俾有聪听者，罔不信从。如此

---

① 朱勇. 清代宗族法研究 [M]. 北京：法律出版社，2017.

而尤有自外于条约者，则齐之以刑，纠之以法，虽欲不为善，不可得矣。"

族规家法之所以能够起到巩固宗族统治、促进宗族发展的作用，主要还是靠传统习惯的巨大力量、祖宗崇拜的内在信念、族众的自觉意识和对族长的敬畏等。徽州的族规家法内容广泛，除了前文所述之外，还有许多可促进宗族发展的内容，如要求子弟勤奋努力、济贫救灾、抚孤恤寡、邻里和睦、尊敬耆老、戒溺女婴、禁止闲游和迷信等。为了使族人按照族规家法的要求为人处事，许多宗族定期在祠堂宣讲族规家法，如《余氏家规》规定："每岁正旦，拜谒祖考。团拜已毕，男左女右分班。站立已定，击鼓九声，令善言子弟，面上正言，朗诵训诫……腊祭，至饮福时，亦行此礼。其有无故不出者，家长议罚。"此外，也很重视族规家法的实施，如《商山吴氏宗法规条》记载："祠规虽立，无人管摄，乃虚文也。须会族众，公同推举制行端方立心平直者四人——四房内每房推选一人——为宗正、副，经理一族之事。遇有正事议论，首家邀请宗正、副裁酌。如有大故难处之事，会同概族品官、举监生员、各房房长，虚心明审，以警人心，以肃宗法。"①

从国家层面来说，明清时期徽州的族规家法是国法的补充、地方官府治理地方的辅助工具，正如《武陵熊氏四修族谱》记载："家乘原同国法，家法章足国宪。况国法远，家法近，家法森严，自有以助国法所不及。"即便是与封建社会经济密切相关的赋税征收，在徽州也主要是族规家法在起作用。徽州的族规家法大都将交纳田赋国税作为核心内容之一，并作为"忠"的体现，族长依据族规家

---

① 程李英. 论明清徽州的家法族规[D]. 合肥：安徽大学，2007.

法督促族人及时交纳，如《绩溪县南关许氏惇叙堂宗谱》规定："且每岁该办钱粮差役等项，必须及时依期，完纳应当……每年钱谷，务先完粮，而后做别事，好不安耽。"①

三、谱牒

徽州宗族向来重视谱牒的编修。从史学影响看，司马迁创立的史表是徽州谱牒的主要渊源之一。明清时期，徽州人普遍认为"谱为一家之史"，自觉地将史法寓于谱法之中，修编了许多谱牒，以留传于世。谱牒亦被称为"族谱""宗谱""家谱""世谱""会宗统谱"，有的是一家之谱，有的是一族之谱，还有的是一村或是一县之谱，都以体现血缘与地缘关系为主旨，大体上由谱序、凡例、世系图表、墓图、祠图、像赞、村居图、谱传、进呈谱表、诰封褒章、族产文书、翰墨文章、家训、族规等部分组成，以世系为时间主线，对宗族社会生活进行了全方位的记述。现存以徽州宗族为主体的家谱约 1300 种，很多都是古籍善本，这与徽州重视及时续修家谱和大量文人学士的参加密不可分，明代程敏政、汪道昆和清代戴震等名儒都积极参与其事，比如程敏政的《新安程氏统宗世谱》是徽州范围内具有血缘联系的程氏宗谱。

受社会文化的影响，徽州谱牒具有一些地方特色，比如重视商业，汪道昆在《太函集》中说："大江以南，新都以文物著。其俗不

---

① 王灿.明清徽州族规家法的特征与功用探析[J].合肥工业大学学报（社会科学版），2016，30（6）：58-65.

儒则贾，相代若践更。要之，良贾何负闳儒，则其躬行彰彰矣！"不少家族通过设立家传，满足了徽商名垂家史的精神追求，歙县《竦塘黄氏统宗谱》就记载了黄五保年轻时弃儒服贾，很快成为淮安著名盐商的事迹。通过谱牒建立起宗族关系，有利于减少不必要的商业竞争，构建商业网络，增强竞争力，甚至可以互通信息达到共赢或占领市场达到垄断的效果，比如江西吴城镇乃是"徽商辐辏之区"，而"典商大多休宁人"。

徽州的谱牒为宗族社会的构建提供了重要的精神支撑，也为社会风俗的形成发挥了导向作用。它和徽商文化结合在一起，成为地方文化中的重要组成部分。

四、其他宗族文化

宗族对文化教育的重视是徽州文风昌盛的主要原因。徽州宗族已失去中原士族世代出仕的特权，只有通过科考仕进之途，才能取得或保持望族地位，才能在多山的徽州保持或争得新的生存空间。

在族规家法中，徽州的宗族对教育事业高度重视，提倡资助贫困学子，如《商山吴氏宗法规条》规定："凡在学，家事贫乏，有志向上，勤苦读书，每岁祠中量给纸灯油之费。其可以自给者，不在此限。"重视启蒙教育，如《重修古歙东门许氏宗谱》记载："蒙以养正，圣功也。夫养于童蒙之时，而作圣之功基焉，是岂细故也哉？"重视教师选聘，如《武口王氏统宗世谱》记载："家学之师，必择严毅方正可为师法者。教苟非其人，则童蒙何以养正哉？"

奖励升学科举，如《明经胡氏龙井派宗谱》规定："凡攻举子业者……其学成名立者，赏入泮贺银一两，补廪贺银一两，出贡贺银五两，登科贺银五十两，仍为建竖旗匾，甲第以上加倍。"

第三节
徽州传统村落的文艺景观

一、徽州学派

（一）新安理学

新安理学是指从南宋至清末约700年间在徽州所形成的既有地域性又有普遍性的一种哲学流派，曾在中国思想史上产生了重大影响，因徽州府治古城"新安"而得名。新安理学奉理学集大成者朱熹为开山宗师，以维护继承、发扬光大朱子之学为宗旨。

南宋是新安理学的形成时期，朱熹曾三次回婺源省墓，每次都逗留数月，从事讲学活动，从学者很多。当时，新安理学虽推崇朱熹理学，却无门户之见，对其他学派的学说持宽容乃至接纳态度。元代是新安理学的发展时期，朱熹的二传、三传或四传弟子致力于维护朱子之学的纯洁性；部分新安理学家著书立说、讲学授徒，一面宣扬程朱理学，一面致力于排斥异论，纠正朱熹后学及时人对朱子之学的曲解。明代是新安理学的鼎盛时期，元末明初和明代的新安理学家致力于学风的转变，力倡独立思考、唯真是从的新学风，提出了"求真是之归"的口号；明代中后期宗朱的理论特色没有改变，但潜伏着极大的思想危机。清代，盛行数百年的宋明理学为考据学所取代，新安理学亦被皖派经学取代。

新安理学对徽州教育、社会、徽商风范的影响是极大的。重视教育的传统是理学得以在徽州发扬光大的"温床"，而理学的发展一方面需要教育的发达，另一方面也进一步繁荣了徽州教育。朱子提倡读书，认为穷理之要，必在读书，促进了徽州读书好学的风气，富裕人家往往自编教材，由父兄率子弟诵读。儒家伦理物化的象征——牌坊，足以说明新安理学对徽州社会的影响，无论是科举纪念式牌坊、慈孝类牌坊，还是贞节牌坊等。亦儒亦贾的徽商也深受儒学思想影响，可从徽州商人在各地建立的会馆中将朱子牌位与本地保护神汪华牌位一同供奉看出。

宋、元、明三代，徽州不少仁人志士表现了坚贞不屈的气节，也与新安理学分不开。但理学的核心是纲常伦理，不少孝子贤孙割股、臂、肝，千千万万妇女甘愿受礼教的摧残，这是理学在程朱桑梓之邦结出的恶果。

（二）徽派朴学

朴学又称"考据学"，朴是质朴的意思，"朴学"得名于该门学问的治学风格与治学特征——采用补证、考据的方法，崇尚朴实、反对空疏、鄙弃虚浮，具有求真务实的学风特点。徽派朴学是清初徽州由新安理学转变过渡形成的以求真、求证、求实为特色的创新学派，其治学目的是经世致用。

明末清初，在顾炎武、黄宗羲等学者的影响下，朴学在与宋明理学的对立和斗争中发展起来，注重资料的收集和证据的罗列，主张"无信不征"，以汉儒经说为宗，从语言文字训诂入手，主要从事审订文献、辨别真伪、校勘谬误、注疏和诠释文字、考证典章制度和地理沿革等，较少有理论的阐述及发挥，也不注重文采。到了清代乾隆、嘉庆时期，朴学有了很大的发展，形成了以考证为特长的考据学派，世称"乾嘉学派"。乾嘉学派的共同点是重汉学、识文字、通训诂、精校勘、善考证等。根据研究方法、学术思想，乾嘉学派又可分为以惠栋、江声等人为代表的吴派，以戴震及其学生段玉裁、王念孙为代表的徽派。惠栋逝世后，两派学者几乎一致推崇一代考据大师戴震。

戴震是一位学术大师，章太炎称："铨次诸儒学术所原，不过惠、戴二宗。"胡适在《戴东原的哲学》中说："人都知道戴东原是清代经学的大师，音韵的大师，清代考核之学的第一大师，但很少人知道他是朱子以后第一个大思想家、大哲学家。"戴震在数学、机械、天文、地理、方志、哲学、语言、文学考证等多个领域都有重大成就，著述极为丰富。

徽派朴学的研究领域十分广泛，且有许多学术成果，开创了有清一代朴质的学风，发展了清代考据学的系统理论。从学术、思想传承的角度来看，徽派朴学（尤其是戴学）一直没有中断，不少研究成果、研究法则至今仍在发挥着作用。

二、徽州楹联

（一）徽州楹联概述

明清时期，徽商凭借锐意进取、勤勉刻苦、诚信不欺、义以天下、回报社会的经营理念和货真、价实、量足、守信的经营方略，活跃于四方，创下"无徽不成镇""无徽不成商"的佳话。依附于建筑的徽州楹联文化在明清两代达到鼎盛，主要表现是它渗透到社会生活的各个方面，婚丧嫁娶、开张营业都有了挂贴对联的习惯。写景咏物，言志抒怀。老幼皆喜，妇孺能对。有联则雅，无联则俗。凭借文化凭证的作用，徽州的楹联从侧面真实地反映了徽州的历史和徽商的风貌，以特殊的形式承载着文化和历史。

（二）徽州楹联文化兴盛的原因

徽州楹联文化兴盛的原因有以下几点：第一，徽州的文化土壤厚重，为徽州楹联文化的产生与发展提供了文化基础。第二，耕读传家的传统使读书习字成为徽州家庭培养子女的必修课，不论进境如何，总有书香熏陶，因而为徽州的楹联文化提供了创作与欣赏基础。第三，徽州的特色建筑为楹联文化的兴盛提供了物质基础。除了中堂之外，"三厅两过厢"的建筑风格使民居建筑中廊柱极多，即使是最简单的"一进式"三厅两过厢也有将近20根廊柱，这些廊柱即楹联文化的优良载体。

（三）徽州楹联的作用

徽州人以楹联的方式传达朴素而精辟的哲理，鼓励世人和子孙后代吃苦耐劳、积极进取、与人为善，是一种家教，也形成了一种文化。楹联不仅在读书人中流传，平民也吟诵，且在徽州特色方言的衬托下，更有文化韵味。徽州楹联对仗工整、简明易懂、内涵丰富、寓意深刻，是中国古代哲学思想、崇尚自然理念的集中反映，所体现的古人在思想、道德、教化、政治、经济、文化等方面的信息是极其丰富且十分珍贵的。现存的不少古楹联出自名家之手，是令楹柱生辉、厅堂增色的文化瑰宝。

三、徽州绘画

（一）新安画派

新安画派是活跃于明清之交的一个地方性画派，也有人称这个画派为"天都画派""新安画派""黄山画派""安徽画派"，陈传席在《中国山水画史》中说："画史上没有任何一个画派比明末清初活跃在皖南地区的几个画派之称谓再混乱了。"最早提出"新安画派"名称的是清代人张庚，他在《浦山论画》中说："画分南北，始于唐世，然未有以地别为派者，至明季方有浙派之目……新安自渐师以云林法见长，人多趋之，不失之结，即失之疏，是亦一派也。"

这个画派既包括生活在徽州的画家群，也包括寄居外地的徽籍画家。画派成员大多宗法元代倪瓒、黄公望两大家，笔墨简淡清逸，

图 4-1　新安画派展览馆

线条遒劲,爱写生黄山,画云海松石之经。清代文学家王士禛说:"新安画家,宗尚倪、黄,以僧渐江开其先路。"渐江即武夷山僧人弘仁。弘仁年少时好读书,曾考中秀才。明亡时赴闽,参与抗清活动。失败后在武夷山皈依佛门,寄趣于书画诗文,书有《云谷奇公塔铭》等,绘有《黄山真景册》《石淙舟集图》《三叠泉图》《春暮林泉图》等,有诗《画偈》《偈外诗》《偈外诗续》等。在绘画方面,弘仁擅画山水,初学宋人,晚法萧云从、倪瓒等,笔法清刚简逸，意趣高洁俊雅。

渐江与其总体画风一致的查士标、汪之瑞、孙逸，后世合称为"新安四家"。其他知名画家有：歙县程邃、王尊素、吴山涛、郑旼、汪家珍、汪济淳、汪洪度、谢绍烈、郑为虹、江天济、吴在田，休宁戴本孝及与新安画家有联系的程正揆（程邃的远房叔叔）等；还有新安四家及知名画家的弟子，其中师渐江者有江注、姚宋、祝昌、戴思望、汪朴、吴定、黄吕、汪（吴）后来、秦涵、行慧，师郑旼者有郑圻，师程邃者有程鸣，等等。

新安画派虽说是一个地方性画派，却有着全国性影响，对我国画坛产生了深远的影响。它是传承中国绘画理论，在实践中推陈出新的典范，把中国的山水画从低谷推向了新的高峰，留下了许多优秀的作品。

（二）徽州壁画

所谓壁画，就是绘在壁面上的画，是人类历史上最早的绘画形式之一。徽州壁画即徽派建筑壁画，是壁画的一种，现存有祠堂或寺庙壁画、民居壁画，主要分布于古村落古民居保护较完整的黄山市黟县的桂墩里、费家弄、关麓村、古筑村、南屏村、屏山村、宏村、卢村、西递村，歙县的小溪村、许村、雄村，休宁县的黄村，祁门县的历口村，屯溪区的黎阳镇，绩溪县的龙川村、上庄村，婺源县的理坑村、汪口村等。①

以民居壁画为例，它一般被绘制于室内板壁、天花板与室外山

---

① 胡晓耕. 徽州彩绘壁画的历史形成、特征与价值[J]. 黄山学院学报，2015，17（4）：82-85.

墙、门楣、窗楣等处，以儒家思想（仁、义、礼、智、忠、廉、耻、勇、诚、敬等）和喜庆祝福为主要内容，大多出自当地民间画匠之手。受徽派建筑内部空间装饰习惯的限制，室内壁画几乎都绘制在木板上，将老灰、桐油搅和后，刷在装饰板壁上并刮匀，涂上白色做底，再用"工写结合"的方式画图。室外壁画因为是绘制在石灰墙上，往往在墙体石灰面未完全干透的状态下进行，常用勾勒、点染等技法。在颜色方面，民居内部的壁画大多色彩艳丽、明亮，有利于提亮民居内部空间、缓解空间压抑感；外墙壁画色彩淡雅，与粉墙黛瓦的徽州民居和谐统一。

徽州壁画看似简单、朴实，但蕴含的艺术性与思想性丝毫不逊色于"徽州三雕"，具有独特的艺术特质和审美价值。

（三）徽派版画

徽派版画源于刻书，早期徽州雕版印刷中有"图"有"文"的"图经"一类作品，属于最早的版画作品。明代万历年间是版画的鼎盛期，当时徽州和苏州的出版业都非常活跃，徽州的木刻家后来占据了主流，成为一面旗帜，郑振铎曾感慨："徽派木刻画家们是构成万历黄金时代的支柱。他们是中国木刻画史里的'天之骄子'。他们像彗星似的突然出现于木刻画坛上。他们的出现，使久享盛名的金陵派、建安派的前辈先生们为之黯然失色。"清初徽派版画仍不乏佳作，之后无论是规模还是技艺都开始走下坡路。

在明代万历以前，大多数版画的线条粗壮、构图简略，主要原因是绘图工匠的技艺不精，刻者、画者是同一个人的情况也不少。万历以后，版画风格总体趋于工整、精致，有的以繁复取胜，其中徽派版画尤其突出。徽派版画作品的画图者多为著名画家，他们的参与使绘画技巧问题得到了解决。

明代首创的木版彩色印刷，是技术上的新突破，也产生了世界上最早的彩色印刷品。万历三十年（1602），由黄尚文撰文、程起龙绘图、黄应瑞刻版的《闺范》，用朱墨两色套印，是徽派版画最早的彩印本。彩色版画虽然不是徽州人创制，但他们丰富、发展了版画的表现技法，创作了不少传世经典作品，为中国版画发展做出了巨大的贡献，形成明末清初以徽派版画为主流的中国传统版画全盛时期。明末清初，安徽休宁人胡正言与工匠合作研究，采用饾版方法，刻印了《十竹斋画谱》，后来又用拱花技术刻印了《十竹斋笺谱》。自宋、元以来一直探索的木刻彩印技术至此产生了质的飞跃，郑振铎认为"这两部书足以表现中国木刻画史上最高的成就"。

四、徽州戏剧

（一）徽剧

徽州人善歌舞，东晋时新安歌舞就已蜚声海内。明代徽州人对戏剧的嗜好尤甚，各地族社每借祭祀仪礼、婚丧喜庆之际，聚众演戏，甚至在诉讼之后也有罚戏的习俗。徽州在外埠的富商常以声伎相随，列歌舞、宴宾客。

明代正德年间之后，徽州、池州、安庆一带由于经济、社会的发展，特别是徽商的崛起，渐渐成为皖、赣一带的经济、文化中心。

再加上它们东靠昆山腔、余姚腔的发祥地江苏、浙江，南邻弋阳腔、乐平腔的流行区赣东，北近盛行秦腔的中原，给戏曲的发展提供了极为有利的条件。

明代嘉靖年间，余姚腔、弋阳腔、昆山腔、海盐腔四大声腔先后流传到徽州、池州、太平（今当涂、繁昌一带）地区。其中，来自江西的弋阳腔对当地伶人的影响非常大。当弋阳腔传到徽州后，很快便与本地的土语音调结合，形成"徽州腔"；当弋阳腔传到青阳、贵池一带后，很快与当地已经流行的余姚腔及民间音调结合，形成"青阳腔"（亦称"池州腔"）。这两种声腔统称为"徽池雅调"。"徽州腔"便是徽剧产生的基础，是徽剧的雏形。

明末清初，西秦腔等乱弹声腔流入，经过衍变形成徽调的主要唱腔——吹腔、拨子，其后又衍变成二黄腔。清代中叶，徽剧风靡全国，形成一个唱、念、做、打并重的完美剧种。清代乾隆五十五年（1790），乾隆皇帝八十大寿，浙江盐务大臣首先征集徽剧三庆班入都祝寿，随后四喜、春台、和春、启秀、霓翠等徽班亦相继进京演出。后来启秀、霓翠两班并入三庆和四喜，形成三庆、四喜、春台、和春四大徽班称雄北京戏曲界的局面，号称"四大徽班进京"，徽剧进入全盛时期，逐步取代当时流行于北京的"京腔"和"秦腔"，成为北京剧坛的主流。

自徽班进京至清代咸丰年间，徽剧曾风靡一时，主宰京城剧坛。在这个过程中，由于戏曲艺术家程长庚等人的努力，在艺术实践中不断吸收京城各种优秀的戏曲艺术；又受京腔、京韵的影响，特别是汉调入京，实现徽汉合流，皮（西皮）、簧（二黄）结合之后，遂于道光前后渐渐由徽剧演变成京剧。

清代后期，京剧兴起后，徽剧艺人纷纷改学新腔（京剧），徽剧日渐衰落。但徽州部分农村仍然盛行徽剧，"夜不唱京"，凡庙会祭祀，都请徽班演出。

徽剧的唱腔多姿多彩，既有高雅的高腔、昆腔，优美的昆弋腔，活泼的吹腔，潇洒的四平，又有悲怆、激越的拨子，节奏明快的西皮、二黄，富有乡土气息的花腔小调。表演艺术更是丰富多彩、技艺精湛，文戏以载歌载舞、委婉细腻为特点，武戏以粗犷、炽热、功夫精深、善于高台跌扑而震惊观众，生活小戏以浓郁的乡土气息和风趣、诙谐的语言吸引着观众。徽剧的武功表演分为平台和高台两种，平台武功有独脚单提、叉腿单提、跑马壳子、飞叉、刀门等，均属惊险的表演；高台武功更是险象环生，演员要从7张桌子相叠的高处翻下，还创造了顶碗、矮子步、辫子功等绝技。在表演上追求身段、亮相的雕塑美，《三挡》中秦琼的走霸，"金鸡独立""童子拜观音""犀牛望月"等身段，都十分精美。在强调对主角人物细致刻画的同时，徽剧也很注重集体表演，必要时众歌齐舞，气势壮伟，场面热烈。

徽剧的剧目很多，据记载有1404个，因年代久远，多为手抄本，不少本子已失传。1949年后，经过挖掘整理，富有徽剧特色的代表剧目有《义虎报》《巧姻缘》《齐王点马》《水淹七军》等。

（二）徽州乐舞

徽州人历来喜歌舞，民间歌舞广为流行、丰富多彩。徽州民歌有山歌、舞歌、号子、小调和新民歌等，音调带有鲜明的江南色彩，古朴、委婉、高亢。徽州民俗小调尤具特色，如民间婚礼中的《哭轿》《接房》《敬酒》《交杯》《撒帐》等，与婚礼仪式紧密配合，成套演唱，别有风趣。徽州民间舞蹈素来盛行，流传至今的有仗鼓舞、扑蝶舞、狮子舞、蚌壳舞、龙凤舞、麒麟舞等。

（三）目连戏

目连救母的故事最早载于佛教经典，自明代万历年间徽州祁门人郑之珍编撰《新编目连救母劝善戏文》之后，徽州目连戏便在祁门、休宁、石台、婺源、歙县等地广为流传。清代，目连戏的演出遍及全国，并进入宫廷，以至于原有的目连戏声腔剧种多以之为演出蓝本。

几百年来，经过无数艺人的锤炼，目连戏以其博大纷繁的戏剧形式、无所不包的表演手段、积淀深厚的音乐素材，以及情景交融、观演互动的演出排场，在民间盛演不衰。现在，祁门目连戏的版本之一是：傅相一生广济孤贫，斋布僧道，升天后受封。傅妻刘氏青提（又叫"刘四娘"）不敬神明，破戒杀牲，死后被打入阴曹地府。其子傅罗卜为救母往西天求佛超度，佛祖为他所感动，准其皈依沙门，改名为大目犍连，并赐其《盂兰盆经》和锡杖。目连在地狱历尽艰险，最终寻得母亲，一家人团圆超升。

祁门目连戏原没有固定的演出场所，以鼓击节，锣钹伴奏，不用管弦，上寿时则用唢呐。基本唱腔古朴，为明代中叶流行于徽州一带的徽池雅调，保留"滚调"的特点。角色分生、旦、末、净、杂、襟，脸谱有鬼脸、标脸、花脸等。表演吸收民间武术、杂耍的一些技巧，能走索、跳圈、窜火、窜剑、蹬桌、滚打等，这些表演特技被巧妙地融入剧情中，成为表演武戏的特殊招式，为后来徽班的武戏表演奠定了基础。演出班社大多以宗族为单位组班，即一个班社均由同宗同族的人氏组成，外姓人不得加入。目连戏演出形式有两种：一是演员直接扮演，谓之"大目连"；二是演员操木偶演唱，谓之"托目连"。一般以春、秋两季为盛，有"稻旺戏"（秋收）、"堂会戏"（公堂办，每五年或十年一届）、"庙会戏"（朝九华山）、平安戏、香火戏（还愿）等名目。演唱时间一、四、七、十日不等。

（四）徽州傩戏

傩戏源于原始巫舞，人们戴着面具，把自己装扮成比臆想中的鬼疫更凶猛、狰狞的傩神，跳着凶猛、狂热的舞蹈来驱邪。后来傩逐步向娱人悦众方面演变，增加了娱乐成分，内涵也更为丰富，包含驱邪扶正、祭祀先祖、祈福求安、祝祷丰收等内容，出现了表现劳动生活与民间传说故事方面的节目，发展为戏曲形式。

过去，徽州傩活动很普遍。祁门县立春前的一天，县令要率领下属到城东郊占卜水旱，老百姓扮戏相从，立春日则祭祀太岁行傩。其他县的傩活动也是如此，具有古傩驱鬼逐疫的含义。明代嘉靖年间，歙县、休宁县二月二十八日举行纪念汪华的游行活动，人们戴着面具，在队伍中边歌边舞。婺源县是徽州诸县傩活动最兴盛的县，历史上有"三十六傩班，七十二狮班"之说，往往狮傩同游，一边舞狮，一边是傩舞，以酬神娱人，故有"狮傩会神"之称。从清代中叶开始，傩舞向傩戏方面演变。清代光绪年间，休宁茗洲吴氏春秋二祀请傩戏演员来演戏成为宗族定例，并且是搭台演戏。

20世纪80年代中期，徽州地区文化部门曾对当地傩活动进行过一次调查，结果表明：傩文化在徽州地区仍有比较多的遗存，既有舞,也有戏,系统保存了傩由祭祀舞蹈到舞台戏剧的演变实态。

(五)采茶戏

采茶戏是流传于祁门县一带的地方剧种,源自江西,原名叫"饶河调"。清初流传至闪里、历口、奇岭等地,经过老艺人的继承和发展,形成具有茶乡特色的祁门采茶戏。采茶戏曲调优美,有西皮、唢呐皮、二凡、反二凡、拨子、秦腔、高二凡吹腔、文词、南词、北词、花调等数十种。

五、徽州三雕

(一)徽州三雕概述

2006年5月20日,徽州三雕被列入第一批国家级非物质文化遗产名录。徽州三雕是一种地方传统雕刻艺术,是指在古徽州一府六县的区域内,具有徽派风格的木雕、石雕、砖雕三种地方传统雕刻工艺。徽州三雕历史悠久,技艺精湛,世代相传,有完整的工艺流程,在国内外享有很高的声誉,其精湛的雕刻技艺和不朽的艺术价值,充分体现了中国古代劳动人民的卓越才能和艺术创造力。

徽州三雕是徽派建筑极具地域特色的装饰要素,它们玲珑剔透、小中见大、博大精深,通常集建筑技艺、雕刻工艺、绘画艺术和儒家教义于一体,享有极高的声誉,在很大程度上丰富和提升了徽派建筑的整体形象和景观内涵,既彰显了徽商雄厚的物质财富,又反映出徽州人高雅的审美取向。

(二)徽州三雕的成因

徽州三雕以歙县、黟县、婺源县的最为典型,保存也相对较好,主要用于民居、祠堂、庙宇、园林等建筑的装饰,以及古式家具、笔筒、果盘等。徽州三雕是古徽州人聪明才智的体现,也是博大精深的徽文化的组成部分。徽州为什么出现"三雕"?原因有三:第一,徽商巨贾光宗耀祖。背井离乡、辛辛苦苦

图 4-2　徽州木雕

做了一辈子生意的徽商为了回报桑梓，也为了叶落归根、光宗耀祖，他们有财力、有欲望在家乡修祠堂、树牌坊、建宅第、造水口，也有足够的财力和雅趣用于精雕细刻，以尽显其豪华富贵之气势。第二，精雕细刻，变相越限。在"重农抑商"的时代，徽商的心态始终处于压抑的窘境，一方面想借大兴土木之机大肆张扬、些微释放，另一方面又受限于礼制法规，只得将财力、精力和发泄欲全部花在精雕细刻上，变相越限，照样辉煌壮观。第三，能工巧匠尽施绝技。徽州自古多能工巧匠，国画大师黄宾虹就曾评价"徽州多奇杰异能之士"，扬州园林大多出自徽州人之手，曲阜孔庙大成殿石柱上的雕龙也是如此。正因为徽州有很多身怀绝技的能工巧匠，徽州三雕艺术才特色鲜明、精湛隽永、登峰造极。

（三）徽州三雕的艺术特征

徽州三雕题材受儒文化的影响较大，多为情节化的人物、故事，如神话典故、戏曲故事、民间传说、生活习俗等；动物图案多翻腾、舞跃姿态，如狮子、麒麟、马、鹿等；花鸟图案品类繁多，多以独枝花卉、缠枝花叶等形式展开；博古图也是常用图案。

徽州砖雕清新淡雅，石雕浑厚潇洒，木雕华美姿丰，它们作为徽派建筑和家具装饰部件而无处不在，一般不会独立存在。从工艺特征来看，明代雕刻粗犷、朴实，清代雕刻则显得细腻、烦琐。"三雕"作为细部装饰，所处建筑、家具部位不同，其形态和图案取材也不尽相同，它们以微观艺术世界表征了徽州人（特别是徽商）的观念。

徽州砖雕源于宋代，是徽州三雕中最有魅力的一种，主要选用徽州盛产的青灰砖（质地坚细）为材料，在徽派建筑的门楼、门套、门楣、屋檐、屋顶等处广泛使用。砖雕一般分为平雕、浮雕、立体雕刻，题材包含翎毛花卉、林园山水等，具有鲜明的地域特色与民间色彩。砖雕的制作极为考究，需要经过放样开料、选料、磨面、打坯、出细、补损修缮六道工序。在雕刻技法上，一般使用高浮雕和镂空雕。明代砖雕手法构图守拙，刀法简练。到了清代，砖雕艺术从近景到

图 4-3　徽州建筑门楼上的砖雕

第四章 徽州传统村落的非物质文化景观

图 4-4
徽州牌坊上的石雕

远景，有七八个层次，最多甚至达九个层次。①

　　石雕在徽州分布很广，种类繁多，不仅常见于石坊、石桥和石亭，还广泛应用于祠堂、宅第的台基，勾栏、柱础等建筑构件，属

---

① 中华人民共和国住房和城乡建设部.中国传统建筑解析与传承：安徽卷[M].北京：中国建筑工业出版社，2016.

浮雕与圆雕艺术，享誉甚高。因受雕刻石材本身的限制，石雕的题材没有木雕、砖雕复杂，一般以动植物形象、博古纹样与书法为素材，人物故事、山水环境类题材相对较少。从雕刻风格来看，浮雕大致以浅层透雕、平面雕为主，圆雕趋于整合，更显古朴大方。牌楼、牌坊是徽州石雕的代表，不仅量大，而且艺术水平高。

明清时期徽州的建筑绝大多数是砖、木、石结构，内部主体结构和室内家具均以木制为主，因此木雕常见于室内木构件、家具等处，如屏风、窗棂、栏杆、床、桌、椅、案、文房用具等上面都有精美的木雕。木雕的题材广泛，有人物、山水、花卉、云头以及各种吉祥图案等，一般依据建筑物部件的实际应用，常采用圆雕、浮雕、透雕等技法。

徽州三雕充分体现了传统民间艺术特点，是民间艺人主观意志的充分体现；也是中国民间文化与文人情趣相结合的产物，反映了新安理学的影响。极富装饰意味、艺术造型稚拙的徽州三雕融会了自秦汉以来的优秀中原文化艺术，还吸收了徽州丰富的地域文化，形成了既玲珑剔透又清新雅致的独特风格，成为中国文化史上的一朵奇葩。

六、徽州工艺

徽州历史悠久，形成了许多有特色的民间工艺，如漆器、扇子、茶叶、竹器等日常生活用品的制作工艺，万安罗盘、燧发枪等科技成果的制作工艺，纸扎、草龙、米塑等民俗类制作工艺，治印、年画、剪纸等艺术类工艺。

民间工艺自从美术中分离之后，大多成了劳动人民的体力劳作、匠工们的活计，向来为封建士大夫所不屑；但徽州的传统工艺因有众多文人的参与而显得与众不同，文化韵味十足。因毛笔制作技艺（徽笔制作技艺）、徽墨制作技艺、宣纸制作技艺、歙砚制作技艺都被列入国家级非物质文化遗产名录，下文着重介绍徽州文房四宝的制作工艺。

毛笔的笔头采用动物的毫毛加工而成，且根据毫毛的弹性和硬度大致分为硬笔、软毫、兼毫。徽州出笔，《歙县志》有记载："新安四宝，谓澄心堂纸、汪伯立笔、李廷珪墨与枣心砚也。"汪伯立，歙县人，北宋年间创办了"四宝堂"，笔墨纸砚俱产，尤以毛笔著称于世。他继承发展了众多徽笔制作名家的工艺传统，所制之笔在当时堪称一绝，人称"汪伯立笔"。除了汪伯立笔，宋代还有宣城诸葛氏、歙县吕道人、黟县吕大渊等制作的笔名冠一时。苏轼赞曰："惟诸葛高能之，他人学者皆得其形似而无其法，反不如常笔，如人学杜甫诗，得其粗俗而已。"黄庭坚在《山谷笔说》中说："歙州吕道人非为贫而作笔，故能工……黟州道人吕大渊，心悟韦仲将作笔法，为余作大小笔凡二百余枝（支），无不可人意。因见余家有割余狨皮……则以作丁香笔，今试作大小字，周旋可人，亦是古今作笔者所未知也。"元代以后，不少徽笔制作者依附于制墨业；也有以制墨为主，兼营纸笔者；还有以制笔为主，兼营纸墨者。抗战时，歙城中还有两家毛笔店，自产自销。

徽墨的制作技艺复杂，不同流派有各自特有的绝技，且秘不外传，一派中针对不同的制墨原料，也会采用不同的生产工艺。如桐油、胡麻油、生漆均有独特的炼制、点烟、冷却、收集、贮藏方法，松烟窑的建造模式、烧火和松枝的添加时间与数量、收烟和选胶、熬胶等也各有秘诀。如此制出的徽墨具有很多优点，有的"其坚如玉，其纹如犀，写数十幅不耗一二分也"，有的"坚如石，纹如犀，黑如漆，一螺值万钱"，有的"香彻肌骨，磨研至尽而香不衰"，有的"光可以鉴，锋可以截，比德于玉，缜密而栗。其雕镂之工，装饰之巧，无不备美"，有的"取松烟，择良胶，对以杵力……滓不留砚"。徽州制墨的模具——墨模也别具特色，分为正方形、长方形、圆形、椭圆形、不规则形等，一般由正、背、上、下、左、右六块组成，圆形或象形墨模只需四板或二板合成。墨模雕刻始于唐代，步骤是先请画家绘图，然后将图分别拓在数块木制内模印版上按图刻制。大多用石楠木、棠梨木等质地细腻的优质硬木制成，在墨模上假以手工镂刻造型纹样，主要造型技法有阳刻、阴刻两大类。

宣纸产于安徽泾县。徽纸虽然在地位和影响方面比不上宣纸，但实际上宣纸是受徽纸的影响发展而来的。徽纸的制造方法，据《徽州府志》记载："造纸之法，荒黑楮皮率十分，割粗得六分，净溪沤，灰腌，暴之，沃之，以白为度。瀹灰，大镬中煮至糜烂，复入浅水沤一日，拣去乌丁、黄眼，又从而腌之，捣极细熟，盛以布囊，又于深溪用辘轳推荡，洁净入槽。乃取羊桃藤捣细，别用水桶浸按，名曰滑水，倾槽间与白皮相和，搅打匀细，用帘抄成张。榨经宿，于焙壁张张推刷，然后截沓解官，其为之不易盖如此。"徽纸质量较高，不仅被作为贡品，文人们也多加赞赏。如南宋人陈槱在《负暄野录》中指出："新安玉版，色理极细腻……糨而后用，既光且坚，用得其法，藏久亦不蒸蠹。"元人顾瑛赞曰："荷君寄我黟川雪，犹带涟漪泻月声。"徽纸影响深远，甚至抢占了川笺的市场："徽纸、池纸、竹纸在蜀，蜀人爱其轻细，客贩至成都，每番视川笺价几三倍。"

歙砚为中国四大名砚之一。汉、晋时期已有歙砚问世，唐代时名声日盛。南唐后主李煜视歙砚为"天下冠"，在歙州设置了"砚务"，擢砚工李少微为"砚务官"。宋代歙砚发展很快，品种增多，精砚不断涌现，其名色之多、质地之细、雕镂之工，为诸砚之冠。歙砚的制作技艺以雕刻为主，有选石、构思、定型、图案设计、雕刻、打磨、配制砚盒等多道工序，按石材纹理可分为罗纹、眉纹、金星、金晕、鱼子五大类一百多个品种。砚材纹理细密，兼具坚、润之质，有涩不留笔、滑不拒墨的特点，被誉为"石冠群山""砚国名珠"。

第四节
徽州传统村落的其他非物质文化景观

一、徽州方言

徽州方言颇具特色，与普通话的差别很大，有歙县话、绩溪话、休宁话、黟县话、祁门话、婺源话六类方言区。各方言区内的方言又互有差异，明代《徽州府志》记载："六邑之语不能相通，非若吴人，其方言大抵相类也。"徽州地形以丘陵、山地为主，山川在过去是阻隔人们交流、限制人们进行社会活动的天然障碍，甚至有"嘉万之世人，有终其身未入城者"。这样，人们均操本地方言，世代传袭，孤立发展，势必形成语言差异。语言学家罗常培曾说：

"在我研究过的几种方言里,徽州话算是够复杂的了。"

以歙县方言为例,它可以分为南北两个方言区,大致以白杨、南源口、雄村、罗田一线为界。南区方言的语音特征是古咸、山、宕、江四摄的阳声韵字,今音仍读作鼻尾韵或鼻化韵,鼻音浓重。该方言区的街口话和呈村降话,鼻音韵母正处在消失的过程。呈村降话只有山、摄、合、口、一等字还保留鼻音的特征,街口话只有宕、江摄中的一部分字还有鼻音的特征。北区方言的语音特征是古咸、山、宕、江四摄阳声韵的字,今音失去鼻音特征,全部转化为元音韵母。

歙县方言以北区徽城话为代表,共 19 个声母,其中辅音声母 18 个、零声母 1 个;39 个韵母,包括自成音节的鼻辅音 m、n 在内;声调 6 个。徽城话有 6 个单字调,以两字组合,共有 36 种方式,变高后出现 9 种调值。徽城话没有收 n 尾形式的儿化词,只在少数词语里还保留着鼻化韵,或变调的儿化形式。语法虚词"不曾"相当于普通话的"没""没有","一堆"相当于普通话的"一起""一块儿",动词"来""去"可以直接带处所宾语。在领属关系的结构中,物名词前既可省略"的",又可省略数词"一"。表示数量增加或行为再一次重复的"添"经常出现在句末。

二、徽州科技

徽州科技涉及天文、历法、光学、地理学、数学、生物学、医学和建筑学等领域,奠基于隋唐,宋元时期在全国开始崭露头角,明清时期得到空前发展,明显具有晚出后"熟"、后来居上的特点。

以医学为例，新安医学是中国传统中医药学的重要组成部分。大量研究表明，新安医学的发展与徽州文化的发展是同步的。自唐代开始有关于新安医学、医籍的文献记载，至元代，为兴起阶段，明清时期达到鼎盛，晚清以后仍在延续。新安医学包括内、外、妇、儿、喉、眼、伤、疡、针灸、推拿各科，诊疗特点是诊断重脉诊、审证重求因、立法重温补、用药倡轻灵。

新安医家在中医药学领域取得了显著的成就。从医家、医著来说，新安医学以杨玄操等为先河开宗立派至今已有800多年了，载入史册的医家有800多位，名标于目录学著作和史志上的医学著作逾800种。著名医家有北宋的张扩，南宋的张杲，元代的程汝清、王国瑞，明代的程充、汪机、吴正伦、吴昆、徐春甫，清代的程正通、程林、汪昂、吴谦、郑梅涧、汪文琦、程杏轩等。其中，汪机、吴谦分别被誉为明、清四大医家之一。新安医家的治学特点是深研医理，考据严谨；问师会友，博采众长；崇尚医德，务实求真。南宋歙县人张杲于淳熙十六年（1189）写出的《医说》，是新安第一部医学著作，也是我国现存最早的医史传记。徐春甫的《古今医统大全》、程杏轩的《医述》，已被列入中国十大古代医著。

第五章

Chinese Traditional Villages

中国传统村落文化抢救与研究
文化区系列

徽州现存传统村落集萃

在住房城乡建设部、文化部（现文化和旅游部）、财政部等政府部门公布的前四批中国传统村落名录中，徽州共有124个传统村落。综合考虑这些传统村落的文化景观情况、开发现状、知名度等因素，本章分为"典型传统村落""重要传统村落"两节，简单列述了徽州的传统村落及其文化景观。

第一节 典型传统村落

一、黟县宏村

（一）村落简介

宏村位于安徽省黟县东北部，距县城约11千米。据宏村《汪氏族谱》记载，宏村始建于南宋绍兴元年（1131），距今已有近900年的历史，是汪姓家族聚居之地，原名弘村，清代乾隆年间改名为宏村。整个村落背"枕"黄山余脉雷岗山，西临羊栈河、西溪河，东傍东溪、东山，北围月沼，南面是南湖、奇墅湖。现在，宏村占地面积约28公顷，古村落面积为19.11公顷，已被评为中国历史文化名村、国家AAAAA级旅游景区。

宏村又被称为"牛形村"，雷岗山为"牛首"；山侧西溪河水上的碣坝石碣头为"牛舌"；村口的枫杨树形似伞，银杏树状如利

第五章 | 徽州现存传统村落集萃

图 5-1　宏村

剑，树龄 500 年，为"牛角"；村中心半月形的月沼为"牛胃"；在西溪河上拦河筑坝，将河水引入村内，九曲十弯，穿过家家门前，形成水圳，即"牛肠"；由东至西错落有致的民居群为"牛躯"；南湖为"牛肚"；绕村溪河上的四座桥梁为"牛腿"。

宏村现存明清民居 140 余幢，古民居以正街为中心，大多是二进院落，马头墙错落有致，额枋、雀替、斗拱上的木雕姿态各异、形象生动；街巷蜿蜒曲折，路面用青石板铺成；牛肠水圳或绕门而过，或穿堂入室，形成"浣汲未防溪路远，家家门前有清泉"的情景，被人们誉为"中国画里的乡村"。1997年，世界著名建筑大师贝聿铭在宏村观光后，欣然题词"黟县宏村建筑文物是国家的瑰宝"。联合国世界旅游组织专家认为："宏村是非常和谐地利用当地自然山水，在儒家文化与徽派当地文化思想影响下的东方传统村落的人居环境的代表，是独一无二的。"2000年，宏村被联合国教科文组织列入世界遗产名录。2001年，宏村古建筑群被定为全国重点文物保护单位。2003年，宏村被评为国家AAAA级旅游景区和中国历史文化名村。2005年，宏村被评为中国魅力名镇。2006年，宏村被评为中国最美的村镇。2011年，宏村被评为国家AAAAA级旅游景区。

（二）物质文化景观

1. 乐叙堂

乐叙意为"秩叙敦伦，永履和乐"，乐叙堂又名"众家厅"，是宏村的汪氏宗祠，由门楼、大厅、祀堂三部分组成。位于月沼北畔正中，与月沼同建于明代永乐年间，并与月沼组成宏村八景之一——月沼风荷。

2. 德义堂

德义堂建于清代嘉庆二十年（1815），是两层三开间建筑，占地面积仅220平方米，建筑面积144平方米，厅堂前有16扇半幢莲花门，室内外有通道连接，堂前一水塘，内有暗沟与水圳相通，水塘周围设四时盆景，院内繁花疏木，可称"露天花厅"。

图 5-2 乐叙堂

3. 承志堂

承志堂建于清代咸丰五年（1855），是大盐商汪定贵的住宅。它是村中最大的建筑群，占地面积约 2100 平方米，建筑面积 3000 余平方米。正厅和后厅均为三间回廊式建筑，两侧是家塾厅、鱼塘厅，后院是一座花园。全屋分内院、外院、前堂、后堂、东厢、西厢、书房厅、鱼塘厅、厨房、马厩等，还设有供打麻将的排山阁等。全宅有 136 根木柱、60 个房间、60 扇门窗、9 个天井。木柱和额枋上均有雕刻，造型繁复，工艺精湛，题材有渔樵耕读、

图 5-3　承志堂

百子闹元宵、三国演义戏文、唐肃宗宴客图、郭子仪拜寿等。

4. 树人堂

树人堂取"百业须精,儿女当教"之意,是清敕授奉政大夫诰赠朝仪大夫汪星聚于1862年所建,占地面积为266平方米,宅基呈六边形,取"六和大顺"之意。厅堂东边利用有限空地,建有一个小水塘,活水长流。树人堂的主人为官清廉,房屋最大的特点是不开后门，客人从大门进出，象征着建造者为官的品质。

5. 敬德堂

敬德堂建于清代顺治年间，厅堂背向排列，前厅、后厅都有天井，采光性能较好，两侧为厢房，南侧为前院，北侧为厨房，厨房里还有一个小天井，东侧有一座面西朝东的小偏厅和大花园。正屋前的院子左边有一间相当于温室的木制小房，冬天时可以把盆景放在房内。

6. 敬修堂

敬修堂始建于清代道光年间，占地面积286平方米，建筑面积452平方米。坐落于月沼北侧西首，屋基高出月沼近1米。整个房子坐北朝南，正厅前为庭院。与其他民居的不同点是，院门外有10平方米的空地，俗称"厅坦"，是夏天纳凉、冬天晒太阳及小憩聚会之处。

7. 桃园居

桃园居建于清代咸丰十年（1860），因房子的主人曾于院内种植一棵稀有品种的桃树而得名，占地面积270平方米，建筑面积380平方米。桃园居是前后三间结构，大门朝南，后门朝东。前厅堂坐北朝南，后厅堂坐南朝北。室内木雕花样繁多、技法多变、内容丰富、寓意深刻，其中四扇雕花门是全村最精美的雕花门。

8. 乐贤堂

乐贤堂位于宏村正街，始建于清代康熙三十八年（1699），占地面积411平方米，建筑面积958平方米，是宏村清初汪氏后裔所建的"三大堂屋"之一。现属省级文物保护单位。

9. 碧园

碧园在宏村水圳头附近，始建于明末，后被毁，重建于清代道光十五年（1835），占地面积278平方米，建筑面积256平方米，是宏村清代庭院水榭民居的代表建筑之一。

10. 南湖

南湖位于宏村村南，始建于明代万历三十五年（1607），当时宏村经过多年的发展，人丁兴旺，月沼之水已不够用，于是在村南挖了南湖。过去曾经大修三次，于1986年重建中堤，造"画桥"可东西划舟。南湖风景优美，清人有诗曰："夹岸桃李花，浓英殊窈窕""入夏菱荷香，镜面净为扫""最是夜阑风浪静，楼台灯火半模糊"。

11. 南湖书院

南湖书院位于南湖的北畔，原是明末兴建的六座私塾，称"倚湖六院"，清代嘉庆十九年（1814）合并重建为"以文家塾"，又名"南湖书院"。占地面积约6000平方米，由志道堂、文昌阁、启蒙阁、会文阁、望湖楼、祗园等六部分组成，志道堂是讲学的地方，文昌阁供奉着孔子牌位，启蒙阁是启蒙读书之处，会文阁是学生读"四书""五经"的场所，望湖楼是闲时观景休息之地，祗园是内苑。书院前面是一湖碧水，环境十分优美。

图 5-4　南湖

图 5-5　南湖书院

12. 牛肠水圳

牛肠水圳建于明代永乐年间，村民凿圳引西溪（阳水）自西入村，引雷岗山地下水（阴水）自山坞入村东，二水在村中汇合，九曲十弯，南转东出，流向田野，又流入西溪。水圳建成后，水绕屋，院掘池，流水千家，全村滋润。牛肠水圳沿途建有许多供下渠的踏脚石，人们用水十分方便。这种人工水系设计奇特，既净化了空气，又有利于消防，还美化了生活环境，宏村也因此变得更加灵动。贝聿铭曾赞道："宏村人工水系最微妙的就是这活水，流水不腐，长流不息，比苏州园林水流速度还快、还活。这种几百年前的水系设计，它的流速、坡度设计得这么高明，值得好好研究一番。"

13. 月沼

月沼位于宏村中心，即所谓的"牛胃"，老百姓称为"牛小肚"。明代永乐年间，汪思齐在宗谱中发现自己的祖父有"开拓村中天然一窟"的遗言，于是聘请海阳的风水先生，和族中高辈能人

图 5-6
月沼

"遍阅山川，详审脉络"，制定了扩大宏村基址和全村以窟泉为中心的村落水系蓝图。建成后的月沼为半月形，取"花开则落，月圆则亏"之意，水常年碧绿，塘中鹅舞红掌、鸭戏清波，蓝天、白云倒映在水中，塘沼四周青石铺展，粉墙黛瓦有序分列四旁，空中炊烟氤氲，微风柔波。

（三）非物质文化景观

1. 赛鸟

宏村赛鸟的历史可以上溯至清代，是一项传统的春节民俗活动，每年都会吸引不少外地人前去参赛。所有参加赛鸟活动的鸟都是雄性画眉，通过抓阄确定比赛场次。参赛的画眉通过比歌声、比气势、比"武"等，战胜对手获得名次。鸟友为参赛的画眉喝彩，交流养鸟经验和心得，场面十分热闹，为古村落增添了些许活泼。

2. 婚俗

在婚礼当天，新郎骑着高大的骏马，迎亲的队伍抬着花轿，沿着南湖外堤前往亭前大树，新人在这里下轿，踩在事先准备好的喜糕和子孙袋上，"喜公"高呼"一代（袋）高一代（袋），一代（袋）胜一代（袋）"；新娘的花轿要绕着吉祥树（枫杨树）转个大圈，寓意夫妻百年好合、洪（红）福齐天；之后前往宗祠祭拜祖先；最后新郎用秤杆揭开新娘的盖头，以示称心如意。

3. 宏村水系建筑技艺

宏村水系主要由西溪、碣坝（拦河坝）、水圳、庭院水塘、月沼、南湖等组成。据《黟县宏村编年史卷》记载，宏村"雷岗山砂石下泻……邕水穿透中洲，南田被淹数百亩，河沿房屋被毁"，迫使村民规划建设水系，从明初汪思齐开月沼，到明末汪奎光等开挖南湖，历时200余年才建成。

邕溪流至宏村西北的碣坝为西溪，再流至村西的宏际桥前，与羊栈河汇合于中洲，宏村的水口就位于村落入口处的西溪水道和小溪之水汇聚之处。碣坝位于村西北，由条石砌筑，长约30米，高约4米，东岸设有水闸，可以根据水势调节水量，溪水经此流入水圳。水圳长1260多米，主圳长700多米，宽1米多；小圳长500米，宽不过半米。溪水通过水圳穿街过巷，并流入庭院水塘，在村中心汪氏宗祠前注入月沼。月沼面积约1200平方米，水深0.8—1米。溪水经过月沼后，往南流入南湖。南湖面积约20000平方米，水深0.8—1.1米。

整个水系充分利用了村落北高南低的地形，南湖水面标高低于碣坝入水口处4米，使水圳中的水始终处于流动状态。2008年，宏村水系建筑技艺被列入黄山市第二批非物质文化遗产名录。

二、黟县西递村

（一）村落简介

西递村位于安徽省黟县东南部，在黟县城东约8千米处，距黄山风景区约40千米。四面环山，两条溪流从村北、村东经过村落，在村南会源桥汇聚。全村面积近13公顷，东西长700米，南北宽

300 米。两头窄，中间宽，状如巨轮；村中的古民居就像一间间船舱，组成了大船的船体；昔日村头高大的乔木和 13 座牌坊，好比船上的桅杆、风帆；村周围连绵起伏的山峦，宛如大海的波涛；再加上村前的月湖和上百亩良田，恰似一艘巨轮停泊在宁静的港湾。

西递原名为西川，又称"西溪"，取村中溪水由东向西流（东水西递）之意。据《新安名族志》记载："其地罗峰高其前，阳尖障其后，石狮盘其北，天马霭其南，中有二水环绕，不之东而之西，故名西递。"村落始建于北宋，村民大多姓胡，远祖是唐太宗李世民，其十二代孙唐昭宗因朱温叛乱被杀，只剩下幼子由贴身侍卫、婺源人胡三带往徽州府婺源考水（今属江西省），改姓胡，名昌翼。胡昌翼长大考取进士后，才得知身世，从此放弃功名，潜居考水研究经学，并留有遗训"义祖大于始祖，儿孙不得复宗"，以示感恩铭德。北宋元丰年间，胡昌翼的第五代孙子胡士良因公去金陵（南京），途经西递，见这个地方峰峦叠翠、山清水秀，是块风水宝地，精通经学的胡士良于是举家从婺源考水迁居至此。历史上有"真李假胡"之说和"明经胡氏"之称。

胡氏迁居西递后，历经 200 多年，人丁不兴旺，也不发财。传说经风水先生点拨，更换胡氏祠堂门神，画上秦叔宝、尉迟恭的画像后，胡氏人口剧增、财源滚滚。胡氏家族人丁兴旺，带来了耕地不足的难题，于是族人走上了读书出仕之路。到了明清时期，一部分读书人弃儒从贾。他们功成名就之后，回乡建房、修祠、铺路、架桥，将西递建设得非常气派。清代乾隆、嘉庆时期，西递有 600 多座宅院、99 条巷子、90 多口水井、34 座祠堂、13 座牌坊、近万人口，号称"三千烟灶九千丁"。

现在，西递村尚存明、清民居 124 座，祠堂 3 座，建筑为木结构、砖墙，木雕、砖雕、石雕丰富多彩，巷道、溪流、建筑布局相宜，素有"桃花源里人家"之称，被誉为"世界上保护最完好的古民居建筑群""中国明清民居博物馆"等。历史悠久、风光秀丽的西递村1986年被定为安徽省重点文物保护单位，2000年被联合国教科文组织列入世界遗产名录，2001年被定为全国重点文物保护单位，2003年被评为中国历史文化名村，2005年荣登中国十大魅力名镇和全国文明村镇之榜，2011年被评为国家AAAAA级旅游景区。

图 5-7　俯瞰西递村

（二）物质文化景观

1. 走马楼

西递村的走马楼位于胡文光牌坊西侧，又称"凌云阁"，建于清代道光年间。据说是徽州巨贾胡贯三为了迎接宰相亲家曹振镛而建的，胡贯三的小儿子胡元熙也的确是与曹文埴的孙女成婚了，但具体情况在史学界仍有较大争议。现在的走马楼是依据当年的布局重新修复的，分上下两层，粉墙黛瓦，飞檐翘角。楼下有单孔石拱桥，名为"梧赓古桥"。

2. 胡文光牌坊

胡文光牌坊位于西递村口，于明代万历六年（1578）建造，俗称"西递牌楼"。西递人胡文光（1521—1593）于明代嘉靖年间登乙卯科进士，先任江西万载县知县，后为山东胶州刺史，迁湖北荆王府长史，授四品朝列大夫。因其政绩显著，皇帝恩准建这座石

图 5-8
胡文光牌坊

坊。此牌坊为三间四柱五楼的仿木式单体结构，高 12.3 米，宽 9.95 米，采用西递附近山上质地坚实、纹理细腻的黟县青大理石雕筑而成，并用徽派浮雕、透雕、圆雕等工艺雕出各种富有寓意的图案。整座牌坊造型庄重，石刻技艺精湛，堪称明代徽派石坊的代表作。

3. 旷古斋

旷古斋建于清代康熙年间，房子原来的主人是"以商入仕，以仕保商"的文人名士，其后裔发达后均在外地居住。旷古斋大门开在天井侧面，天井后是正厅，两侧通院为住宅，以木隔断分离。厅堂正面中间悬挂着隶书字大匾"旷古斋"，匾额下是中堂画，画两边有两副古对联，其中一副是"孝弟传家根本，诗书经世文章"，把"孝悌"写为"孝弟"，扩展了兄弟和睦之情；"章"字中"早"字竖出了头，是多读诗书，早日出人头地之意。

4. 西园

西园建于清代道光四年（1824），原为胡文照的故居。大门是砖砌的八字门楼，门楼内有落轿门亭。进入园内，右侧是呈"一"字排列的三幢房屋，由一个长方形的庭院连为整体，中间用漏窗、门洞隔开，分为前院、中院、后院。透过前院的漏窗，隐约可见中院、后院的景物。整个庭院显得寂静、幽深，有移步换景之感，文化气息也十分浓厚。

5. 东园

东园建于清代雍正二年（1724），原为西递富商胡尚焘建造。东园大门上有胡尚焘之子——胡文照（号星阁）自题行书"东园"

二字和一小段跋,门额上方有扇形漏窗,左面墙上有落叶石雕,寓意"抬头行善,落叶归根"。整个东园包括正厅、前厅、凉厅三进,正厅为厚光堂,用于接待贵客;前厅用于接待亲眷内宾;凉厅为书厅,既是主人修身养性的书屋,又是主人办私塾的场所。凉厅天井墙上嵌着一块碑刻,碑宽近70厘米、高约30厘米,从右往左刻有行草"结自得趣"四个字,为胡星阁拟定,委托陈鸿寿书写,所以落款为"星阁四兄嘱题鸿寿"。

图 5-9　东园

6. 惇仁堂

惇仁堂位于前边溪畔，是胡贯三之父胡应海晚年居住的地方，建于清代康熙末年。整个房屋呈五开间、两厢、二楼结构，中间厅堂十分宽敞，后半部为平顶天花，前半部以拱形卷棚为顶，并高于后半部，光线可以照射到厅堂的太师壁；厅堂两侧各有两间卧房相通，古称"联珠房"，两侧厢房还有类似天窗的小天井，俗称"子天井"；在两梢间装有刻着桃花木雕图案的隔扇门，关上隔扇门，是三门两厢式样，打开隔门就能看清并列的五间房和两侧类似天窗的小天井。建筑结构非常特殊，在西递众多古民居中是比较少见的。

7. 大夫第

大夫第位于西递村正街，建于清代康熙三十年（1691），也是胡文照的祖居，后因胡文照官封四品而在大门上嵌砌砖雕"大夫第"三个字。跨进正门，楹柱上悬有"扬州八怪"之一——郑板桥手书木刻对联："以八千岁为春，之九万里而南。"正厅堂额为"大雅堂"，正厅天井可谓无处不雕，四周裙板格扇均为木雕冰梅图案，取十年寒窗之意。

8. 敬爱堂

敬爱堂位于西递村前边溪东岸，原为明经胡氏十四世祖仕亨公之住宅，建于明代万历二十八年（1600），后毁于火，清代乾隆年间重建时改建成祠堂。占地面积1800多平方米，前置飞檐翘角门楼，似雄鹰凌空展翅；中设祭祀大厅，大厅分上下庭，上下庭间设大型天井，左右分设东西两庑，配以高耸的大理石柱；后为楼阁建

图 5-10　敬爱堂

筑，楼下作为先人父母的享堂，楼上供奉列祖列宗神位。

（三）非物质文化景观

1. 抛绣球

抛绣球是近年来西递村在大夫第左边的临街阁楼（俗称"绣楼"）举办的一项民俗活动，绣楼为两层木质结构，二楼是抛绣球台。现在抛绣球的目的不是古代小说中的择婿，而是给游客一个"喜兆"。

2. 婚俗

西递风俗一般是农历四月求亲、送日子，腊月或正月举行婚礼。男方送给女方二节礼的数量要多于一节礼，俗称送给女家"酒水钱"。女方嫁妆视经济状况而定，贫穷人家只有一个马桶、三个盆、两支烛台、一盏灯。出嫁头天，要"待囡"，约人陪女儿吃顿离别酒；男方要在新房里办桌酒席，叫"吃暖房酒"。结婚之前，男方要请族中长辈（好命老倌、好命老孺）陪伴新郎、新娘。结婚当天，新娘花轿在敬爱堂正厅落下，青年礼生交替向前铺袋直送新娘进屋，高呼"一代高一代，一代胜一代"。拜天地后，新郎、新娘喝交杯酒，好命老倌要唱祝词："一对金杯金线连，三生世上结良缘，男边酒真香，女边酒真甜，吃下交杯酒，到老都不嫌。"婚礼后第三天，由好命老孺陪同新婚夫妇上堂"分大小"，同时新郎、新娘要"双回门"，要对岳父家诸长辈行大礼。新娘回门，当天须返回婆家。回门后，晚饭前，好命老孺带新娘下厨房，口言吉利好话："一切肉，二切鹅，做好媳妇再做婆""一畚金，二畚银，三畚给团焙行裙"。

3. 饮食习俗

一般人家待客兴"热四盘、冷四盘、两汤有甜有咸"，热四盘是指鸡、鱼、肉、肉圆。

富贵人家有燕窝席、鱼翅席、海参席三种品级。燕窝席用于招待贵宾，开席前有乐队伴奏，另有八仙桌一张，摆"五事件"（两支烛台、两只大口锡瓶、一个有盖的鼎），桌前系上绣花"龙凤吉祥"桌围。菜肴主要是"四炖""四烧""四炒""四烤""十二热吃""十六生吃"，另加两荤两素一碗汤。"四炖"是炖燕窝、大爪、凤打牡丹、金银蹄。"四烧"是烧刺参、糖醋鱼、香菇狮子头、网油包猪肝。"四炒"是炒羊杂、肚丝、三冬、银鱼。"四烤"是烤鸡、鸭、胙（肉）、甲鱼（鳖）。"十二热吃"是指"四甜"——甜西米糊、甜山楂糊、甜水糖银耳、甜水糖莲子，"四咸"——炒鸡杂、腰花、干贝糊、开洋酸辣汤，"四点心"——桂花八宝饭、油糖炖洗沙、烧卖、水晶包。"十六生吃"是十六个冷盘，有用荸荠、甘蔗、橘子、雪梨等雕琢成形的蟠桃、凸花、猴猁等，以及糖醋松花皮蛋、海蜇皮、香肠等。此外，还有橘饼、葡萄干、五香瓜子、椒盐花生仁等糕点。鱼翅席虽然比不上燕窝席，但在色、香、味等方面也非常讲究。菜肴有"十二大盘""八热吃""十二生吃"，另加八宝糯米饭、两荤两素、甜辣汤。海参席以海参为主，菜肴有"八大盘""四大碗""八生吃""四热吃"，另加八宝糯米饭、两荤两素、甜辣汤。

三、歙县雄村

（一）村落简介

雄村原名洪村。洪氏大约于宋代时迁入，元代时人丁兴旺，以姓名村为"洪村"。明代洪武十三年（1380），曹永卿迁居洪村，娶洪氏为妻，后来曹氏逐渐成为该村大族，族人据《曹全碑》中"枝分叶布，所在为雄"，改名为"雄村"，至今已有800多年的历史。民间有"新安第一岛，徽州最雄村"的说法。

雄村是徽州封建科举的摇篮，是徽州历史文化的大观园。据史料记载，仅明清两代，雄村曹姓学子中举者就达 52 人之多，其中状元 1 人，曾出现"同科五进士，一朝三学政"（1760 年，曹文埴、曹孚、曹树菜、曹采、曹裕昌五人同科考取进士；乾隆时，曹文埴为江西、浙江学政，曹城为山东学政，曹振镛为江西学政）的奇迹。雄村名流辈出，清代时有户部尚书曹文埴、大学士曹振镛、内阁中书曹学诗、篆刻家曹应钟等，以至于清末翰林许承尧曾说"吾乡昔宦达，首数雄村曹"。可以说，雄村是一个地地道道的人文荟萃的古村落。

图 5-11　一品雄村

雄村青山环抱，竹林婆娑，一派纯朴、恬静的田园风光。村前，新安江静静流过，沧桑的民居、古牌坊与灿烂的桃花、油菜花倒映在水面上，俨然一幅写实派田园风光油画。岸边有一道绵延数里的石堤，相传是当初建造竹山书院时为防洪而建的。竹山书院前的古渡口那段石堤，当地人俗称"桃花坝"，占地面积约500平方米，坝上遍植桃花。曹文埴在《石鼓砚斋诗钞》中说："竹溪有桃数百株，花时烂漫如锦，春和景明，颇堪游眺……"

如今，雄村有竹山书院、慈光庵、中美合作所旧址、牌坊等人文景观，主要产业是茶叶、旅游。

（二）物质文化景观

1. 竹山书院

竹山书院是曹文埴的伯父曹景廷、父亲曹景宸，奉其父曹世昌的遗命而建的。清初，曹氏经营盐业，至曹世昌时，已成豪富，曾奉命接驾第二次南巡扬州的康熙皇帝。曹世昌临终前嘱咐两个儿子于竹溪建文阁，即现在的竹山书院。其子遵父命，于乾隆初年着手筹建，历时十余年乃建成。竹山书院现为全国重点文物保护单位。

书院为二进三楹的学舍建筑，占地面积共约2000平方米，建筑面积1218平方米，分为讲堂和园林两部分。讲堂为合院建筑，有堂、斋、廊等建筑。堂北有斋，中设天井，斋后为厨房。园林位于讲堂之北，主要建筑有清旷轩、文昌阁、百花头上楼、眺帆轩等。园林前部稍突于讲堂，东南隅设有园门。园东面仅筑矮墙分隔内外，其余三面环以建筑，形成主景庭院。建筑和景点之间以廊庑相连，院中桂树飘香,十分幽雅。

书院门前有焚纸塔,也叫"字纸炉",是供书院师生焚烧废弃字纸的。

书院门楣上"竹山书院"四个大字,出自清代大书法家邓石如之手。入门处竖立了一个木屏,两廊皆方形石柱,正厅宽敞明亮。正壁悬蓝底金字板联一副,上联是"竹解心虚,学然后知不足",下联是"山由篑进,为则必要其成",为曹文埴所撰写。

清旷轩又名桂花厅,以回廊与竹山书院相连,廊间壁的青石板上有颜真卿书"山中天"三个字,沉稳古朴、遒劲雄浑。轩厅正

图 5-12　竹山书院

壁有曹学诗所写的《所得乃清旷赋》，轩柱悬隶书联"畅以沙际鹤，兼之云外山"，轩厅上额匾为篆书"所得乃清旷"，厅前有平台，台柱三面皆饰以石雕，有栏柱十六，顶端各有青石狮。轩外为桂花圃，遍植桂树。曹氏族约规定，凡是族中中举者，可在庭院中种植一棵桂花树。

文昌阁位于书院正北，砖木结构，双层八角形状，雕梁画栋，飞檐翘角。阁的下层有石制前柱，两柱间的匾上书蓝底楷体金字——"贯日凌云"，石柱悬对联，上联为"扶君臣朋友之伦，心悬日月"，下联为"证圣贤豪杰之果，道在春秋"。阁的上层八面皆窗，正面窗外悬陶匾，上有曹文埴手书"俯掇群伦"四个字。

当桂花盛开时，登阁远眺，微风送来清幽的花香，耳闻清脆的铃声，远山叠翠，白鹭低飞，近水扁舟，让人不禁想起李白的《清溪行》："清溪清我心，水色异诸水。借问新安江，见底何如此。人行明镜中，鸟度屏风里。向晚猩猩啼，空悲远游子。"

2. 四世一品坊

四世一品坊屹立于雄村西面村口曹氏宗祠前，四柱冲天，三间三楼。高 11 米，宽 8 米，用灰凝石建造，雕刻较为简朴，为县级文物保护单位。它是专为褒奖曹文埴及其祖上三代（曾祖父曹士琎、祖父曹世昌、伯父曹景廷、父亲曹景宸）而建的，共四代五人，故为"四世一品"。四世一品坊二层额枋上刻有曹文埴和他父亲、祖父、曾祖父等人的姓名和官衔，三层额枋上刻有"四世一品"四个大字，再之上是红色"覃恩"二字——这在徽州牌坊中是独一无二的，全国其他地方也没有，充分说明了曹氏所获得的荣耀。

曹文埴（？—1798），字近薇，号竹虚，为清代重臣，同其子曹振镛世称"父子宰相",从清代乾隆二十五年(1760)到道光十五年(1835),历三代皇帝,在朝75年。曹文埴于乾隆二十五年传胪,选庶吉士,授编修,在懋勤殿任事。后任翰林院侍读学士,在南书房行走,教习皇子。乾隆四十二年(1777)回家服父丧。丧满回京,授左都御史,历任刑、兵、工、户各部侍郎,兼顺天府府尹。曾为《四库全书》总裁官之一,官至户部尚书。曹家是扬州盐商之首,乾隆皇帝六次南巡,多落脚扬州,曹文埴承办差务,深得乾隆皇帝信任。乾隆五十二年(1787),因不愿与和珅为伍,曹文埴以母老为由,请求归养,帝从其请,加太子太保。后来曹文埴二次进京,为乾隆皇帝祝福、贺寿,乾隆皇帝对曹文埴及其母多有赏赐,御赐"四世一品"。

曹振镛(1755—1835),字俪笙,从小就受到良好的儒家思想教育。乾隆四十六年(1781)考中进士,选庶吉士,授编修,后升为侍读学士。嘉庆三年(1798),升少詹事。后历任内阁学士、工部侍郎、吏部侍郎。嘉庆十一年(1806),升为工部尚书。奉命撰《高宗实录》,书成,加太子少保。调任户部尚书,兼翰林院掌院学士。嘉庆十八年(1813),调为吏部尚书、协办大学士,随后又升为体仁阁大学士,管理工部,晋太子太保。嘉庆二十五年(1820),任军机大臣。道光元年(1821),晋太子太傅、武英殿大学士。道光四年(1824),充上书房总师傅。道光六年(1826),入值南书房。道光七年(1827),晋太子太师。道光八年(1828),晋太傅,赐紫缰,图形紫光阁,列功臣中。历事乾隆、嘉庆、道光三朝,三任学政,主持乡试、会试各四次,政绩卓著,深得朝廷信任,甚至在嘉庆皇帝出巡时,曹振镛以宰相身份留守京城处理政务,代君三月,民间有"宰相朝朝有,代君三月无"的说法。

3. 大中丞坊

大中丞坊位于今雄村乡政府门前，又称"光分列爵坊"。建于清代乾隆二十七年（1762），即曹文埴京殿传胪后的第二年。大中丞坊上刻了自明代成化年间进士曹祥开始的雄村所有曹氏进士、举人，直至清代进士曹文埴，光分列爵，门楣生辉，是对曹氏家族里成就显赫的人进行的褒奖，使他们在纪念碑上代代相传。

4. 慈光庵

慈光庵位于与竹山书院隔江相对的半山腰。它与曹振镛有关，传说曹振镛幼时顽劣异常，无心读书，其姐苦心规劝他说："你不用心读书，将来如何登堂入仕，承继父业？"曹振镛夸下海口："他日我定为官，且胜吾父。"姐姐有意激他："你若为官，我当出家为尼。"曹振镛从此刻苦攻读，后来考取了进士，身居要职。其姐为不食言，坚持要出家，曹振镛苦劝无效，又怕姐姐在千里之外孤苦伶仃，只得借当地俚语"隔河千里远"之意，在新安江对岸建了一座慈光庵，供其姐修行。

（三）非物质文化景观

1. 跳钟馗

跳钟馗是一种民间舞蹈，又称"嬉钟馗"。传说有一次唐玄宗病后，昼梦一大鬼，破帽、蓝袍、角带、朝靴，捉小鬼食之。这个人自称钟馗，尝应举不第，触阶死。唐玄宗醒后病除，诏吴道子画其像。每年岁暮进钟馗像，并以赐大臣。民间亦以钟馗像贴于门首，以为可以辟邪逐鬼。后来，有关钟馗的故事被演绎成多个版本，跳钟馗也成了一种习俗。

目前歙县关于跳钟馗最早的文字记载见于《歙县志》："跳钟馗，明万历年间流传于朱家村义成、岩寺一带，傩舞形式……"雄村跳钟馗着重于"跳"和"醉"，首先在锣鼓声中上场的是五个头系白毛巾，身围红、紫、绿、灰、黄五色包肚，手持棍、叉，脚蹬软底绣鞋的邪恶小鬼，他们摆开架势，呐喊逞威；然后是面涂青绿、口戴长髯、头顶乌纱、足蹬草鞋、筐篮垫肚、畚箕挂股、外罩紫红袍、右手持宝剑或持朝官玉板的钟馗上场，前有蝙蝠引路，后有黄罗伞盖，旁有酒坛侍者，一步一趋；钟馗胆豪气壮，口喷狼牙焰火，踏着锣鼓的节奏，与五个小鬼展开较量，最后五个小鬼束手就擒。

跳钟馗有《出巡》《嫁妹》《捉蛇》《除五毒》等多种内容，乡土气息浓厚，体现了民众崇尚钟馗刚正不阿的精神以及祈求其除害降福的美好愿望。2010年，跳钟馗被列入安徽省第三批非物质文化遗产名录。

2. 雄村民间故事

雄村历史悠久，民间流传着许多故事，如劝学亭、代君三月、宰相坐棺材等。劝学亭的故事就是曹振镛的姐姐劝他学习的故事。代君三月讲的是曹振镛代皇帝监国三月。宰相坐棺材也与曹振镛有关，传说曹振镛的庶母去世后，其棺材按族规只能从边门出，曹振镛据理力争，欲使其棺材从正门出，但族中长者都不同意。最后，曹振镛脱下麻衣、白帽，披在棺材上头，命人取来朝服、朝冠穿戴好，爬上棺材盖坐好，说本大臣今日要出门了，才使棺材从正门出。

四、徽州区呈坎村

（一）村落简介

呈坎"先有金、孙、吕，后有二罗（前罗、后罗）、程"，现存孙家巷和汉代吕家井、金家井等遗迹证明呈坎村的历史至少应追溯到东汉时期，只是没有留下文字记载。呈坎有文字记录的历史始于唐末，江西南昌府罗氏文昌公（前罗始祖）、秋隐公（后罗始祖）两兄弟为避黄巢之乱，举家迁于此地，并按阴阳八卦理论选址布局，将村名改为呈坎——"盖地仰露曰呈，洼下曰坎"。明代弘治年间，呈坎村被以风水理论为指导，进行了大规模改造，基本形成了现在的村落形态格局和规模。如今，呈坎以风水闻名于世，有"中国风水文化第一村"之称。

呈坎村位于一处约0.7平方千米的河谷小盆地中，四面青山环绕，坐西朝东，盆地东面是灵金山、上结山、下结山，西侧有鲤王山、龙山、葛山和龙盘山，最高的海拔300多米。龙山自西北向南延伸，山势如万马奔腾，涌至龙盘则一马平川，形成"左青龙、右白虎、前朱雀、后玄武"之势。

潀川河（古龙溪河）自北向南呈"S"形穿村而过，还有数条小溪从各方汇入，俯瞰呈"九龙戏珠"之势。村北的上水口处山林茂密，建有龙山庙。村南的下水口处曾建有上花园、下花园、上观、下观。上观有都天庙、隆兴桥、钓鱼台、观音庙、百步云梯和隆兴观等建筑，下观则有廊桥、乐济桥、女贞观、关帝庙、文会馆、文昌阁、藏经楼、大圣堂、旷如亭、石牌坊等建筑。上观、下观之间是大坝（南河堤）和小坝（北河堤），这两道坝使潀川河在下结山

徽州传统村落

图 5-13　从高处看呈坎村

自北向南转而西行，至龙盘山后又复往南，使水口处水流弯曲，更符合古人"藏风聚气"的要求，也使潨川河形象地体现出太极图中的"S"形。

整个村落按《易经》中"阴（坎）、阳（呈）二气统一，天人合一"的风水理论进行布局，形成了2圳、5街、99巷的格局。"2圳"指的是东边的中间圳和后街的后面沟：中间圳指在环秀桥北侧引潨川河水经永顺号、后罗总祠、支祠、罗会铮宅、罗会泰宅"走街串户",途经水圳巷到村南的水渠;后面沟指在村北引西边坑水沿后街上更楼、下更楼而流,最后注入中间圳的小水渠。潨川河把村子分成东、西两个部分,大坝、小坝沿河进村,在隆兴桥头汇合后又分为前街和后街进村,这两条街与村内的钟英街、钟二街以及河东的溪东街并称为"5街",它们大体与潨川河平行。垂直于潨川河的多为小巷,号称"99巷"。村内街巷大多曲折多变,宽窄不一,窄的不到1米,最宽的也只有3米左右。

图5-14　呈坎村内景色

呈坎村是经过周密规划的，是我国古村落规划史上的宝贵范例，曾被朱熹誉为"呈坎双贤里，江南第一村"。现存唐、宋、元、明、清等朝代的古建筑、古遗址近200处，国家级重点保护文物近50处，被誉为"中国国宝之乡"，还拥有中国古建筑之乡、中国最佳旅游乡村、中国历代古建筑艺术博物馆、中国历史文化名村等荣誉，为国家AAAAA级景区。中国国画大师刘海粟曾说"登黄山不可不去呈坎"，著名作家毕淑敏不禁叹道"中国最应该去的地方就是呈坎"。

（二）物质文化景观

呈坎村曾有集自然景观与人文景观于一体的十处美景，现有罗东舒祠、长春社、文献祠、杜欢喜宅、罗润坤宅、燕翼堂、下屋三宅、罗会炳宅、罗光荣宅、罗子琴宅、树滋堂、罗会铮宅、罗永祈宅、罗来滨宅、罗嗣海宅、老虎洞、罗纯夫宅、罗来林宅、钟英楼、环秀桥、隆兴桥等几十处物质文化景观，下文简单介绍其中几种。

1. 罗东舒祠

罗东舒祠全称为"贞靖罗东舒先生祠"，位于村北，始建于明代嘉靖年间。占地面积约3300平方米，建筑面积2000多平方米，面阔26.5—29.6米，长79米。坐西朝东面河，包括照壁、棂星门、左右碑亭、仪门、两庑、拜台、厅堂、后寝等，共4进4院，北侧为厨房、杂院，南侧是并置的女祠。整座建筑布局严谨，风格独特，规模宏大，气势雄伟。

宝纶阁在寝殿之上，是明代万历年间呈坎人罗应鹤为尊供圣旨

图 5-15
贞靖罗东舒先生祠

和珍藏御赐物品而建的，为罗氏宗祠的后堂。台基比前堂高出 2 米，有三条石台阶拾级而上。面宽 29 米，进深 10 米，高 7 米，由 3 个 3 开间组成，10 根方形石柱沿廊并列，形制宏伟宽敞，梁柱、斗拱雕刻彩绘。阁上有楼，进深约 7 米，高出台基约 12 米，前檐高悬"宝纶阁"匾额。斗拱、雀替、梁头、驼峰、脊瓜柱、平盘斗等木构件上雕刻着各种云纹、花卉图案，玲珑剔透。台基上的石柱、望柱、栏板，台阶上的垂带，门口的抱鼓石，均刻有姿态各异的辟邪浮雕及狮子圆雕等，典雅工丽。

寝殿间的梁架彩绘，以青绿、土黄为主调，间以橙、赭、玫瑰红等对比色。梁枋两端多画角叶，中段多做包袱锦，内缀各种花卉图案和几何纹样，绚丽多彩。

祠内现存历代匾额 26 幅，享堂正梁悬有明代书画家董其昌书"彝伦攸叙"匾额，"彝"为"法度"之意，"伦"指"三纲五常"之理，"攸"指攸长，"叙"为叙说，合起来的意思是：罗姓家族的人必须按照一定的辈分大小，有次序地按法度祭祀先祖，训教子孙。后寝楼檐中间高悬明代孝子吴士鸿书"宝纶阁"匾额。南廊庑汇集了从村中收集来的 20 多幅匾额，其中尤以元代李孟书"大司成"，明代宋濂书"文献"，清代林则徐书"累世簪缨""观察河东"最为珍贵。

整座祠堂的梭柱、月梁、丁字拱、鹰嘴榫具有宋代风格，特别引人注目的是建筑规格和制式采用了只有孔庙才使用的棂星门，拜台、两庑的"夔龙戏灵芝"石雕栏板在民间也少见。此外，建筑的开间和用色等也突破了当时对民间建筑的限制。

祠内还有一棵高 11 米，枝叶覆盖了享堂前院落 1/4，树冠面积约 160 平方米的桂花树，为明代万历年间扩建罗东舒祠时所植，枝繁叶茂、姿态优美。桂花是多年生小乔木，长成如此巨大的桂树，为江南一带罕见，堪称"江南第一桂"。

罗东舒祠是徽州古建筑的杰出代表，1996 年被确定为全国重点文物保护单位。

2. 长春社

长春社位于村南，坐西朝东，临近潨川河，面对丰山山脉，与村北的罗东舒祠南北呼应，符合礼制"左祠右社"的规划布局模式。

又与村界的水口风物融为一体，构成呈坎水口的重要标志。它是过去村民祭祀土地神、五谷神之所，宋代中兴年间迁建于此，明代嘉靖丙寅年（1566）重修，后寝为清代乾隆年间改建。

社屋阔18.14米，进深31.57米，分为门屋、正堂、后寝三个部分。社屋门前有一个大广场，是村民集会、演艺和祭祀的场所。栏门上方悬挂"长春大社"的蓝底烫金直匾，原为苏东坡所书，现为复制。大门呈五凤楼制式。门屋正面为栅栏门，内是中门和边门。门屋为5开间，正间最大，次间、稍间依次缩小，寓意"五凤朝阳"，名曰"五凤楼"。正门饰土地神像，门前立抱鼓石一对，边门成双且窄小。内廊7开间，进深2米，中间大、两边小。两庑无檐柱。内廊与正堂檐柱间有额枋，枋上安有平身科斗拱。正堂前后天井均为花岗岩条石铺就。正堂7开间，进深12米。正堂高悬村民对土地祈望的"春祈秋报"匾额，新置徽州名家黄澍先生书法"十雨五风祈大有，四时八节庆丰收"。

20世纪末，长春社由美国友人捐资，文物部门修复。经过修复后的长春社1998年被确定为安徽省重点文物保护单位，2001年呈坎古建筑群被列入第五批全国重点文物保护单位，其中长春社名列首位。

3. 燕翼堂

燕翼堂是明代建筑，砖木结构，两进三层，前后两进明间皆为厅。后进南、北两楼廊内设楼梯，明间照壁后开边门通巷，大门居中，门罩为垂花门式，烧雕。门内设廊。有12组斗拱承檐枋，栌斗圆形透雕，属孤例。梁端设如意雀替。楼层装修为一板一栿，编苇夹泥墙。

4. 隆兴桥

隆兴桥位于村南水口，建于明代弘治年间，清代进行了维修，为单孔发券石桥。南北端筑石阶上桥面，桥两侧置石栏板，高出水面8米，宽6.6米、长46.6米，以其高而醒目，气势雄伟，为皖南最大的单孔石拱桥。

（三）非物质文化景观

呈坎的老宅里居住着各类民间手艺人，他们擅长木雕、竹雕、砚雕、石雕、砖雕、制墨、撕纸等，许多都是非物质文化遗产大师，比如徽州竹雕大师——洪建华、张红云夫妇，徽派木雕大师——王金生，中国撕纸书法艺术家——蒋劲华，徽州制墨大师——吴成林，砚雕大师——洪玉良。其中蒋劲华的书法作品没有事先用笔写，而是徒手用纸撕成的，既巧妙地把握了纸的特有属性，又彰显了毛笔书法的韵致。

五、休宁县祖源村

（一）村落简介

祖源村位于安徽省黄山市休宁县溪口镇西南部插角尖和石坞尖之间的山腰盆地，始建于宋代，已有约1000年的历史。村民以朱、项两大姓氏为主，朱姓与明代开国谋士朱升同宗，奉朱子文化为显学，村内祠堂悬挂朱熹画像，逢年过节举行祭祀活动；项氏是为躲避战乱,从婺源项村迁入的。历史上祖源村分为五门,分别是朱文公门、里屋门、中间屋门、项大公门、燕窝门。

村落状似聚宝盆,四周群山环峙,一条又细又长的光洁石板路连接着山外的世界,从村口的高处看,整个村子像农家用来煮饭、下面条的竹笊篱,所以祖源村又被称为"笊篱山"。村南的插角尖、石坞尖是祖源的溪水之源,溪水一路萦回曲折,流经田野,流进村庄,便有了"家家门前有清泉"的诗意,条条溪水最终汇于村口。

图 5-16　祖源村

村落环境优美，生态绝佳，溪水淙淙，粉墙黛瓦，底蕴深厚，宛如世外桃源。村落形状独特，层层梯田环绕，粉墙黛瓦的徽派老宅坐落其间，错落有致，再加上袅袅升起的炊烟或缥缈的云雾，构成了一幅祖源山居图。

（二）物质文化景观

1. 千年红豆杉

祖源村中名贵古树众多，尤其是村口来龙山上的一棵千年红豆杉树，是该村开建时始

图 5-17　千年红豆杉

迁祖所栽，已有约1000年的历史，枝干粗壮，枝繁叶茂，生命力旺盛，树干要三个成人才能合抱，树高近30米，堪称"徽州红豆杉之王"。村民视这棵千年红豆杉树为神树，树上的枝丫折落，都不敢捡回去当柴烧。每逢家中有乔迁、嫁娶等重要事宜，村民都会到千年红豆杉树下焚香祷告，祈求全家幸福平安，诸事顺利。

2. 思贤岭

祖源村南的思贤岭是一条古道，相传为元末朱元璋打天下时，为寻访徽州隐士朱升所经过的古道。祖源后人将朱元璋途经的村南古道命名为"思贤岭"，并建有思贤亭，刻有古楹联，不过现在只有遗址留存。

3. 水口思源

村庄入口处有两山对峙，恰似狮象把门，村民在村庄水口加以人工修筑，广植佳木，依山形地势建有荟源桥、萃源桥、廊亭，古时还有关帝庙、海瑞殿、佛殿等人工建筑，构成了祖源村独特的水口园林。荟源桥长8米，宽3.9米。萃源桥长7.5米，宽6.4米。清代乾隆年间建造，桥身相连呈"心"形。[①]

4. 田畴层叠

祖源村有百余亩的梯田景观，大大小小，阡陌纵横，高低错落。每年阳春三月，村庄被四周的油菜花海包围着，吸引着全国各地的摄影爱好者前来拍照，现为黄山市百佳摄影点之一。

---

① 陈开曦.骇世族规护水口，蓊蓊郁郁红豆杉[N].黄山日报，2016-01-16（03）.

图 5-18　祖源村周围的梯田

（三）非物质文化景观

1. 节庆习俗

每年正月十三至二十，祖源村有舞龙闹新春、闹元宵的习俗；农历五月十三是关帝磨刀日，村中会举行求雨活动；每年七月十五是中元节，祖源村村民会煎油粿，并举行祭祖、放焰火等活动；每年中秋节，祖源村的主要习俗为舞稻草龙、舞茄子灯等；每年农历十月十五是下元节，祖源村村民有打糍粑、做豆腐和祭祀祖先的习俗。

2. 民间故事

除了朱元璋访朱升的故事，祖源村杀子禁山的故事也比较有名：祖源村先祖视树为保护神，庇佑村庄福祉，因此从不乱砍滥伐。相传清代康熙年间，战乱频仍，村里破败不堪，时局稳定后亟待重建家园，村里一度出现乱砍滥伐的情况，这很快让村民受到了惩罚——周围山上植被大减、水土流失严重，以致风雨交加之时，民宅便如秋风扫落叶一般瓦片纷飞，村民苦不堪言。

当时，祖源村中分为五门，东门门长看不下去了，决定采取措施。他邀请其他门的门长商议对策，大家达成共识，必须封山育林，不能再做杀鸡取卵的蠢事。为了震慑全村，门长们定下严厉的惩戒措施，封山章程中有一条便是"凡上封山砍柴者，砍头惩办"。谁知仅仅过了几天，东门门长的儿子居然背着家人，偷偷上山砍树。事发后，东门门长怒不可遏，痛骂逆子，准备按章办事。众人纷纷求情，但东门门长不为所动，最终还是忍痛处决了儿子。东门门长的行为在村民中引起强烈震撼，乱砍滥伐现象就此绝迹，祖源村从此变得古木成荫、风调雨顺，人与自然高度和谐。

"文革"期间，一个利欲熏心的外地年轻人铤而走险，趁夜深人静之时，竟企图偷砍村中的一棵红豆杉。砍树声惊醒了一位村民，他对这个年轻人讲起了杀子禁山的故事，盗伐者听说后，吓得脸色大变，慌忙逃走。如今在这棵红豆杉根部，斧子砍伐的痕迹仍清晰可见。

六、婺源县李坑村

（一）村落简介

李坑村是一个以李姓聚居为主的古村落，距离婺源县城 12 千米，建村历史至少可追溯至宋代。整个村子群山环抱、山清水秀，两条山溪在村中汇合为一条小河穿村而过，河上建有各具特色的石拱桥和木桥，河水清澈见底，水上还有许多乌篷船。村中徽派民居依山而立，沿溪而建，隔水相对，并不断朝外发展，逐渐形成了庞大的古民居群，以及"小桥流水

图 5-19　李坑村

人家"的美丽景象。

李坑村自古文风昌盛、人才辈出，从宋代至清代，仕官富贾达百人，村里的文人留下传世著作达29部，最有名的当数南宋乾道三年（1167）的武状元李知诚。该村现在是国家AAAA级旅游景区，也是婺源东线上离县城最近的景区。

（二）物质文化景观

1. 中书桥

中书桥是李坑村最雄伟的桥梁，也是

图 5-20　中书桥

进村所走过的第一座桥,建于北宋大观三年（1109）,由该村进士李侃升为中书舍人时用大青砖砌成,故名"中书桥"。

2. 大夫第

大夫第建于清代咸丰年间,是奉直大夫（从五品）李文进的官邸,位于清初儒商李瑞材的故居对面。门楼为青石门枋,水磨青砖门面,门楼上方砌有门罩,门罩重瓦铺盖、飞檐翘角。门前设三步台阶,名曰"三步金阶",寓意步步高升、连升三级。大夫第的走马转角

图5-21 大夫第

楼为木结构建筑，上面四周设有美人靠，周围相通。横梁上有精美的木雕，中间有天井。

3. 申明亭

申明亭建于明代末年，是昔日村民聚会的场所。史书对申明亭的功能有详细的记述："凡民作奸犯科者，书其罪，揭于亭中，以寓惩恶之意。"古时每月的初一和十五，宗族会在此鸣锣聚众，批评和惩罚违反村规民约者。"申明亭"的"明"字不是"日"字旁，而是"目"字旁，据村民说是取其"耳聪目明"的

图 5-22　申明亭

意思，让村民时刻看清什么该做，什么不该做。亭柱上的楹联为："亭号申明就此众议公断，台供演戏借它鉴古观今"。①

4. 铜绿坊

铜绿坊是富商李聘如于清代中叶所建，因李聘如靠经营铜绿生意起家而得名。

铜绿就是铜表面所生成的铜锈，主要成分是碱式碳酸铜，有毒，可用来做颜料、杀菌剂等，还可用来制烟火、铜盐和镀铜液等。旧时土法制铜绿是先把糯米做成饭，放在铜板上让其发酵、发霉，待其长出绿霉之后，再加入其他元素。

此屋与村中其他古民居稍有不同的是仿官厅的建筑形式，在大门后设置了一座仪门，当地人称为"中堂门"。

（三）非物质文化景观

1. 傩舞

傩舞是古代举行大傩仪式时所跳的舞，源于原始巫舞，为中国最古老的舞蹈形式之一。舞者头戴面具，手执戈、盾、斧、剑等兵器，作驱赶、扑打鬼怪之状。傩舞在李坑村十分盛行，传统节目有《开天辟地》《刘海戏金蟾》《双猴捉虱》等数十个，舞蹈动作粗犷而朴实。傩舞的面具有四五十种，一般为木雕，脸谱生动，忠奸贤愚、喜怒哀乐都是表现的主题。

---

① 秦俭，龚美玲. 婺源乡村[M]. 北京：中国旅游出版社，2007.

2. 中秋舞龙

每年中秋节前后几天，李坑村都会举行中秋舞龙的活动。中秋舞龙从村头开始，带头的是一位德高望重的老人，他挥着一个圆圆的龙珠，后面有十几名汉子举着纸扎龙灯（内有红色蜡烛），跟着龙珠舞动，一位老人带着几个后生在后面敲锣打鼓。每到一家，主人就会燃放烟花、爆竹，据说烟花、爆竹能放多久，纸扎龙灯就会在那户人家门口舞多久。整个舞龙过程要走遍全村的每户人家，一般会持续到凌晨2点或3点。

七、绩溪县龙川村

（一）村落简介

龙川村在安徽省宣城市绩溪县城东11千米处，坐落于登源河右岸，东边是龙须山，西边是石笏山，南边是天马山，格局完全符合枕山、环水、面屏的基本模式。从高处俯瞰，整个村子形似龙舟，所以龙川村又有"船形村"之称。

村内胡氏居多，东晋咸康三年（337），胡焱游华阳镇至此，见地势"东耸龙峰，西峙鸡冠，南则天马奔腾而上，北则长溪（登源河）蜿蜒而来，羡其山水清丽，便赴龙川之口荆林里，聚族而居"[①]。胡焱就是龙川胡氏始祖。自胡焱建村后，已有1600多年的历史，传至当今的锦字辈，计历48代，从第一代到第二十代族谱为统

---

① 胡缉熙.龙川胡氏宗谱[M].[出版地不详]：[出版者不详]，1924.

一一支,第二十代时念五公生七子,后只有五子留在龙川。从念五公起,族谱分为五支,延续至今。相传百年前大师预测龙川村必须请丁氏来村内定居,胡氏家族方可稳定恒久,否则船形村落会随河流漂泊不定,所以村中也有丁氏人家。

龙川胡氏代有人才,是徽州有名的"进士村",其中最著名的是明代成化十四年(1478)中进士,官至南京户部尚书(赠太子少保)的胡富;明代嘉靖十七年(1538)中进士,官至兵部尚书(加少保)的胡宗宪。

图 5-23　龙川村

龙川村是国家 AAAAA 级旅游景区和国家级风景名胜区，村中很多景点都分布在水街两旁，水街长约 500 米，水街之水源于石金山麓，南流经岭里至岭外，折向东流，在龙川村凤山下入村，穿村汇入登源河。水街两岸分别是龙堤与凤街两条街道，附近有都宪坊、进士巷、乡贤祠、胡氏宗祠、仁和园、如心亭、胡炳衡故居、奕世尚书坊等景点。

（二）物质文化景观

1. 胡氏宗祠

胡氏宗祠始建于宋代，明代嘉靖年间由胡宗宪倡导捐资进行大修，清代光绪二十四年（1898）再次大修。现存主体建筑结构为明代特征，内部装修具清代风格。宗祠坐北朝南，砖木结构，三进七开间，由影壁、门楼、廊庑、正厅、厢房、寝室、特祭祠等组成，建筑面积 1564 平方米。宗祠平面由前至后，高度依次递增。墙体基部是 2 米高的矩形花岗岩石，其上是高大矗立的封火墙。在阶梯状马头墙角两侧施以彩绘。抬梁、穿斗两式并用，明栿、草栿各尽其能。门楼为重檐歇山式，由 28 根立柱和 33 根月梁架构而成。斗拱承挑屋檐，戗角腾空，脊吻架云。仪门上彩绘尉迟恭、秦叔宝两门神，石鼓相依，大狮对峙。正厅是宗祠的主体部分，由 48 根立柱和 54 根梁枋构成，明间采用减柱造，上首设置祭龛，原来悬挂着有"宗祠"二字的匾额。在明间四大金柱上，有两副楷书楹联。东、西两厢房天花板施以彩绘，富丽、华贵。寝室为祧祖、小祭和管理人员办公之用，上、下两层，中设暗阁，檐柱上贴以竹编楹联。宗祠集徽州三雕及彩绘之大成，以木雕最为精湛，有"木雕艺术博物馆"之称。梁枋、斗拱、博风、雀替、枫拱、驼峰、平盘斗、替木、叉手、隔扇、柱础、梁脐上，均有精美雕刻。门楼的额枋上，雕饰作战场面，千军义勇，万马驰骋，气势磅礴。享堂东、西两侧的隔扇，用浮雕技法将荷花"出淤泥而不染"的高贵品格刻画得淋漓尽致。祭龛前首一排隔扇上是百鹿图，鹿的造型逼真、姿态各异，其高超的雕刻技艺可谓"天工人可代，人工天不如"。龙川胡氏宗祠现为全国重点文物保护单位。

图 5-24　胡氏宗祠

2. 奕世尚书坊

奕世是累世、世代的意思。奕世尚书坊为户部尚书胡富、兵部尚书胡宗宪共立，建于明代嘉靖四十一年（1562），仿木结构，三间四柱五楼，高10米，宽9米。主体结构由4根柱、4根定盘枋和7根额枋组成，气势磅礴，蔚为壮观。整体结构用侧脚做法，向内收敛，四大柱子抹去棱角，立柱的南北两向各有抱鼓石护之。坊顶为歇山式，用茶园石石板雕凿而成，由斗拱支撑并挑檐。各正脊两端，鳌鱼对

图 5-25　奕世尚书坊

峙，明间正脊中部置火焰珠。主楼正中装置竖式"恩荣"匾，匾之四周盘以双龙戏珠纹。下方花板南、北两面分别镌书"奕世尚书"和"奕世官保"，书法遒劲流畅，为明代书画家、文学家文徵明手书。4根定盘枋起线两道，再饰以莲瓣纹。梁柱接点处用花牙子雀替装饰。额枋图案异常精美，采用浮雕、透雕、圆雕等工艺，刻成鲲鹏展翅、仙鹤腾飞、太狮滚球、双龙戏珠等画面。中额枋北向的画面尤为神奇，山、水、亭、台、楼、阁等无一不肖，其技艺无不精湛，堪称无双。坊之花板上记载着被立坊者和立坊者的官衔、姓名。该坊现为全国重点文物保护单位。

3. 乡贤祠

乡贤是指被当地推崇的德行高尚、品学政绩兼优之人。据《绩溪县志》（1810年刊本）记载，绩溪县乡贤祠共祭祀15位乡贤，其中龙川有3位。龙川过去有思敬堂，为族人思祖敬宗的地方，现在修葺为乡贤祠，将龙川历代德高望重、有惠于乡里的族人名讳汇录于此，并绘制了图像，以便让村民更好地了解先人的风范、优良的传统，亦借此向观光者展示龙川的人文精神。

4. 灵山庵

灵山庵相传原为宋元税务机构所在地，明代撤销，成为抗倭名将胡宗宪等人年少时读书、习武的场所，后因有人说山形如鱼，宜佛不宜武，于是辟作尼庵，供奉如来、观音。站在庵堂前，放眼望去，朝西的山门与胡氏宗祠隔河相望，遥遥相对。

（三）非物质文化景观

1. 节庆活动

过去，龙川胡氏家族为了尊祖敬宗，会在村中举办龙川善会，即每逢闰年（当地人俗称"大年"），龙川胡氏五支相互比赛，内容以祭祖为主，同时演戏、举办宴席等，可惜未延续至今。

2. 祭祀崇礼

祭祖是龙川胡氏宗族最盛大的典礼和活动，分为祠祭和墓祭两类。祠祭一年两次，即春祭和秋祭，春祭在清明节举行，冬祭在冬至日举行。墓祭一年一次，在清明节举行。

主祭者是族长。礼生48人，按职责分为通赞（当地人称"大赞"）、引赞（当地人称"小赞"）、陪赞、司盥、司樽、司帛、司祝、司馔、司过等。据调查，龙川胡氏宗族祠祭礼生人数之多，在徽州名宗右族祠祭中是少见的。根据族规家法规定，15—60岁的支丁都要参加陪祭。

3. 生子习俗

龙川村有一种习俗，结婚后若生男孩，就在家中摆放茶壶和天竹叶，寓意甜甜美美；若生女孩则摆放酒壶和柏枝叶，寓意长命百岁。还要拿着茶壶或酒壶去丈母娘家讨喜酒，不仅图个吉利，也为了与大家分享家中生子的喜讯。

八、祁门县渚口村

(一) 村落简介

渚口村位于祁西，距县城 30 千米。因其溪水萦回，环映如锦，背靠成峰，障蔽如城，故别号"锦城"。唐代乾符年间，祁门倪氏始祖倪康民与郑传聚众抗黄巢，被加封检校兵部尚书，其五世孙倪三六、倪社五约于北宋中期迁居渚口。后发展为倪、吴、胡三姓融合共居，是徽州人聚族而居、融合发展的典型村落。

渚是水中小块陆地的意思。渚口村一面靠山，三面环水，村民称为铜锣形、腰带水，大北河由东北向西南绕村而过。为了使铜锣地形免受破坏，千百年来，渚口村只挖了两口井，不允许再多挖井，寓意铜锣有两个穿绳眼。同时，来龙山高低起伏，如同蜿蜒的巨龙，先人特地在村前种了两棵银杏树，寓意龙之双须高高竖起；村中前街相邻两户人家的天井中各有一个小水池，终年不涸，寓意龙之双眸永远明亮。祁门西乡有"文堂的水口、渚口的来龙"之说法，足见其名声之大。

村前平畴沃野，古树参天；村内粉墙黛瓦，街巷宛若迷宫。旧时有十四景，均秀丽如画、清雅有致，可惜历尽沧桑，现大多已难窥其貌了。只有那幸存下来的一些古树，高大挺拔，翠盖如云，三三两两地散落在村中。

(二) 物质文化景观

渚口村古朴雅致，古建筑很多。村内贞一堂、"一府六县"两处古建筑极为独特，堪称经典，均为省级重点文物保护单位。

1. 贞一堂

贞一堂为倪氏宗祠，始建于明初，曾两度遭火灾后重建，现存建筑为民国时所建，被誉为"徽州民国第一祠"。祠堂坐北朝南，前、中、后三进，内置五开间，前后天井，占地面积1200多平方米。整座祠堂由108根大柱支撑，空间开阔。门前广场两侧有18对巨大的旗杆石鼓，规模壮观，是倪氏宗族为子孙考取功名者而立旗杆所留。贞一堂因其历史悠久、体量宏大、用材精良、雕刻精美、保存较好，而具有较高的艺术价值和历史价值。

2. "一府六县"

渚口村的"一府六县"即倪望重宅，是清代同治甲戌科进士倪望重的宅第。村民称其为"新屋里"，是与原住老屋相对而言的。它建于清代光绪十年（1884）左右，占地面积1600平方米，整座建筑包括1个府厅（正厅）、6个县厅（小厅）、2个花厅、9个天井，而倪望重先后在5个地方做过6任县令，并担任过浙江乡试同考官，徽州府一府下辖六县，故得名"一府六县"。倪望重宅的府厅庄严肃穆，气势宏伟；县厅小巧玲珑，起居方便；西厅庭院用鹅卵石铺就，院中用白砾石镶嵌伏地花鹿，寓意"禄在其中"；东花厅名"求我斋"，为倪望重所居，楼上藏书200余柜，号称"万卷楼"，多为宋、元古本，中华人民共和国成立后由我国著名版本鉴定学家赵万里先生亲临渚口点运北京及省博物馆收藏。

图 5-26
渚口村"一府六县"

（三）非物质文化景观

1. 民间习俗

旧时大年初一举行团拜会，以增强村民团结；正月初六会文，考核村中读书子弟，褒奖学业优秀者，以激励村民上进；正月十五嬉灯，村民同乐；三月初三文艺会演，发扬传统文化；七月三十百子会，上少华山旅游观光；八月十五舞龙灯，庆贺丰收。

2. 文风昌盛

渚口村自古文风昌盛、名人辈出，旧时书塾众多，倪氏一族为了鼓励族人上进，形成读书之风，采取了许多褒奖制度，其中最为隆重的是，每当一个读书人取得功名后，族人就为他打造一个旗杆墩，放于祠堂门口，并插上旗杆，悬挂幡旗。由于考取功名的人众多，以至于贞一堂前石墩环列，至今仍有18对之多，显示着村子昌盛的文风。

古有进士7人：唐代咸通九年（868）戊子科胡学辉，明代景泰元年（1450）庚午科倪俊宏、万历三十五年（1607）丁未科倪思辉、万历四十一年（1613）癸丑科倪本虹、万历四十七年（1619）己未科倪本宪，清代康熙三年（1664）甲辰科胡士著和同治十三年（1874）甲戌科倪望重。举人11人：吴寅、吴云山、吴诵芬、吴梅生、胡士著、胡启道、倪人骏、倪珍、倪思辉、倪俊宏、倪望重。七品以上官员有16人，如吴必胜、吴廷瑞、吴诵芬、吴璜、胡士著、倪大恩、倪伟人、倪启佑、倪启鸿、倪思晨、倪思辉、倪俊宏、倪望重、倪望隆等。其中倪思辉官至南京户部尚书，明史有传；倪望重历任浙江诸县知县，以府官致仕；胡士著官至翰林院詹事，与江南诸多名士往来，拓展了徽州的人文空间。

3. 乡土艺术

村中民间文化遗存丰厚，器乐演奏《十番锣鼓》堪称乡村"迎宾曲"，享誉祁城；由该村倪世德编导的《扑蝶舞》，1955年参加省文艺会演，获节目奖和演出奖，后安徽出版的民歌集将其列为祁门民歌代表，誉为"祁门旋律"；渚口业余剧团根据民间艺人吴德昌口述，加工整理的优秀民间舞剧《姐妹看灯》，在县、省各级选拔赛中均获好评，1957年2月在中南海怀仁堂演出。①

第二节 重要传统村落

一、歙县阳产村

（一）村落简介

阳产村位于安徽省黄山市歙县深渡镇，处于深渡镇东北方的群山之中，是一个依山而筑的小村寨。宋代时，郑公率族人由歙北迁移定潭而居，后迁阳产。相传，郑公狩猎阳产，猎犬卧阳产山坳不返，郑公见此地翠峰环抱，玉泉鸣弦，古木参天，认为这里是风水宝地，决心迁居阳产。由于地势高，交通不便，数百年来，山民就地取材，采周边青石铺路、架桥，取红壤、木材筑巢而居，逐渐形成了鳞次栉比、错落有致、质朴壮观的土楼群。

---

① 倪永宏.尚书故里渚口村[EB/OL].（2012-11-06）[2019-04-06].http://hs.wenming.cn/kjyy/201211/t20121106_405560.html.

图 5-27　阳产村

（二）物质文化景观

土楼群是阳产村的特色景点，它与自然风光、农事活动一起构成了美丽的景象。

阳产村的土楼依山而筑，房屋以方形、黄色为主，使用红壤土垒筑而成，基本上不粉刷，并逐渐从土平房更新为土楼房。每座土楼高约 10 米，地基均用青石砌成。土楼与土楼之间铺有青石板或石板台阶，连接着各户人家。阳产土楼并没有做整体规划，但漫山遍野，规模不小，有明代的，也有清代的；有方形屋顶的，也有三角形屋顶的；有方形土楼，也有八角形土楼。

　　整个土楼群高低错落有致，静静地散发着乡土气息，云雾缭绕间，楼、树、人、犬时隐时现，呈现出一派世外桃源的意境，构成了神奇、古朴、壮观、美丽的画卷。春天，阳产村被油菜花围绕，村内桃花、梨花竞相开放；因临近新安江，空气湿润，夏季多云雾，站在高处，整个村子仿佛在仙境中，是一个避暑的好地方；秋天，家家户户在房前屋后晾晒玉米、南瓜、辣椒等农作物，五颜六色的农作物

图5-28　阳产村土楼群

与土楼交相呼应；冬天，土楼被白雪覆盖，犹如童话中的世界，缺点是山路不好走。

（三）非物质文化景观

阳产村过去是贫困村，比较有乡村特色的是年俗。阳产村的年要延续至元宵节。杀猪、杀鸡、打年糕，请亲邀友摆上几桌，俗称"吃杀火"。年前要将过年的物品清洗、整理、摆放，例如平时收藏的精致碗盘，供祭祀的花瓶、烛台、桌围、拜垫、椅套等，花灯、祖宗容像（一种书画艺术品，一般画上太公、太婆的像，有穿清代官服的，也有穿汉服的，象征性地代表祖先）也要挂出来，堂前还要换字画四条屏。

二、黟县卢村

（一）村落简介

卢村，又名雉山村，地处交通要道羊栈岭南侧，距宏村约 2 千米。据《黟县雉山卢氏宗谱》记载，卢氏与姜氏同源，卢氏之先自太公封于齐，后裔姜高因战乱曾采食于芦，为使后裔牢记艰辛，因此以卢为姓氏。汉高祖时，卢绾开国有功，被封为燕王，封地在河北涿郡，后改为范阳郡，其后裔卢冬美的儿子卢易迁居安徽宣城。卢易生子卢振，迁居太平县葛村，就是现在的黄山市黄山区郭村一带。卢振育有三子，第三子卢玄看到黟北山川秀丽、土沃泉甘，在南唐末年由葛村迁往雉山，成为雉山卢氏的始迁祖，至今已有1000多年的历史。

卢村人依山建屋，临水而居，环境优美，发源于羊栈岭的羊栈河自西向东穿村而过，卢慈溪自北向南穿村而过，两条溪水汇于叶村河，最后流入奇墅湖。水口处有人工堆砌的低山，以及十几株古树，形成了一道屏障，掩隐着村子，让人顿感"柳暗花明又一村"。

（二）物质文化景观

卢村最有特色的是木雕楼，它体现出徽

图 5-29　卢村

派民居的精华。卢村木雕楼是由七家里民居组成的木雕楼群,主要包括志诚堂、思济堂、思成堂、玻璃厅等宅院,是卢氏第三十三代传人卢邦燮于清代道光年间所建的。

志诚堂是卢邦燮的大房和二房太太合住的地方,坐北朝南,临水而建,为前后三间结构,有门厅、正厅、后厅三进。大门前有照壁,两端过弄墙有题额,东西正面为"东启长春""西辟延秋",背面为"钟奇""毓秀"。大门内是庭院,两侧有偏厅,门楣各题"挹

图5-30　志诚堂

爽""延辉"。偏厅矮墙上有两扇砖石雕刻巧妙组合成的透窗。透窗的中部为石雕构件，雕琢草龙祥云图案，其四周全为砖雕构件围护。厅堂正门门首是青石贴墙门枋，整个雕刻图案威武庄严、雄壮华贵。上层是四只石雕夔龙图案，中间两只作昂首前跃状，两侧的夔龙则斜身作盘动状，构图十分活泼。雕刻技法采用混雕、线雕、隐雕、剔雕、透雕等，深雕多达六七个层次。雕刻技艺精湛，图案栩栩如生，折射出古代徽州艺人娴熟的技巧和超凡的智慧。[①]

思济堂是卢邦燮的五房太太张双凤的住所，建造时间比宏村的承志堂早了50多年，又称官厅，官厅的前方建有一道门。偏门的门罩形似经商的"商"字，人称"商"字门，也可看作招财进宝之门，门上是一个倒元宝，寓意"财银到"。

思成堂是卢邦燮的三房和四房太太合住的地方，门罩上方有砖雕镂空的葫芦形通风口，葫芦又称"如意"，庭院里还有两棵百年柿子树，两者寓意"事事如意"。大厅左边有两个精致的石墩，取材于整块"黟县青"，又称"竹墩"，它们是清代嘉庆年间的。宅内的卢村龙泉水十分清澈，回味有点甜。

玻璃厅又叫双茶厅，是卢邦燮最小的妾所住的地方，是一座中西合璧的建筑，已有180多年的历史。院内有三棵百年古树，两棵茶树，一白一红，另一棵为桂花树。房主卢邦燮经商时出使德国，后来就按照德国的风格建了这座宅子，这里的玻璃也是从德国进口来的。除了一层的玻璃屏风，二楼的窗户也不是志诚堂那种繁复的木雕，而是西式格子窗。

[①] 宋博. 安徽卢村志诚堂木雕装饰艺术研究[D]. 苏州：苏州大学，2012.

（三）非物质文化景观

1. 雉山凤舞

"天开羊栈胜境，地辟雉山灵邱。"雉山凤舞源自卢村的特色民俗，是一种抒情性舞蹈。表演者是一群装扮成仙女的姑娘，她们腰间扎着凤灯，手握拉杆，在欢快的锣鼓伴奏下，踩着"进三退一"的步伐，时拉时送，弄得彩凤频频起舞，展示着"凤点头""凤飞翔"等动作。彩凤的式样、色彩各异，有的衔牡丹，有的衔灵芝、如意等吉祥物，伴以仙女们的左顾右盼，彩凤随之点头、伸颈、展翅、摆尾，夜里远远望去，流光溢彩。雉山凤舞表达了卢村人对未来美好生活的希望。

2. 民间灯会

每年元宵节，卢村人都会举办灯会，所用的灯主要是龙灯、狮子灯和凤灯。最多时，一条龙灯有34节，要出9条龙灯，形成"九龙出海"之势，为卢村的一大民俗特色。

三、休宁县木梨硔村

（一）村落简介

木梨硔村位于黄山市休宁县溪口镇海拔近千米的苦竹尖山腰，是徽州海拔最高的古村落。始建于明代万历十五年（1587），全村160多人，原姓环，迁逃于此，改姓詹。

图 5-31
木梨硔村

村子周围三面悬空，生态绝佳。全村呈骆驼形，由南向北，民居依山势呈阶梯状延伸，都是徽派建筑。村民以林、茶为业，种有少许梯田油菜和水稻。雨后可以看到云海，全村像处于仙境一般，被誉为"黄山最美的高山村落"，还有"天上蓬莱境，人间木梨硔"之说。

（二）物质文化景观

1. 徽派建筑

木梨硔村是一个坐落在山顶上的村庄，一边是房子，一边就是山谷，由于山道阻隔，村里大部分保留了原生态，其中较有特色的就是徽派建筑。村里的徽派建筑始建于明末，高低错落有序，房屋较密，门口的路面狭窄。村民崇尚"天人合一"的理念，数百年来建造房屋时巧用地形，依山而建，与周围的青山绿水融为一体。

2. 云海

壮观的云海是木梨硔村最美丽的景观之一，一年中有一半的日子可以看到云海，这种美景在黄山市乃至整个皖南地区都极为罕见。每年春季和秋季是云海频现的季节，特别是在雨雪过后，站在前山可以看到千岭万壑都被笼罩在云里，如梦似幻，宛如人间仙境。为了方便专业摄影者和其他游客，人们还在村子最佳的位置，用木头建了一座观景台。

3. 竹海

前山有许多竹子，向上仰视，茂林竹海，碧空万里。太阳出来的时候，雾散云消，碧绿的竹海将这个美丽的村落包裹了起来。

图 5-32
木梨硔村的竹子

(三)非物质文化景观

和阳产村一样,木梨硔村的非物质文化景观主要是村民世代相传的一些习俗,比如晒秋。在木梨硔,家家户户门前都有木制或竹制的悬空晒场,连成一排,甚是壮观。勤劳的村民将黄色的玉米、南瓜,红色的辣椒、红豆,绿色的绿豆、白菜,白色的冬瓜、山芋丝等,放在圆圆的竹匾里晾晒。没有谁去刻意布置,而是村民的日常生活习俗。山居人家对晒秋有着深厚的情感,并在不经意间创造了美丽的"晒秋图",与黛瓦、白壁、马头墙、青山一起形成了别有风味的秋收景色。

四、徽州区西溪南村

(一)村落简介

西溪南村位于黄山市徽州区西溪南镇,紧临黄山北高铁站,距黄山风景区 50 千米,距黄山市政府所在地屯溪 10 千米,距徽州区政府所在地岩寺 5 千米。始建于后唐,吴姓为西溪南村的大姓,始祖吴光公(唐左台监察御史吴少微的后代)原住于黄山市休宁县,为避战乱,于唐懿宗咸通元年(860)迁居西溪南。

西溪南村背倚凤形山,处于丰乐河南岸,故又称丰溪、丰南、溪南。村落总体为东西走向,坐北朝南,呈不规则长方形,宽 1 千米,长 2.5 千米,昔有"千灶万丁"之称。以街为经,以巷为纬,既东西贯通,又南北畅达。村中以 3 条"大动脉"为主线,即由丰乐河上的条、陇、雷三碣引入的主要水圳。街依圳而行，屋沿街而建，鳞次栉比。

这里有皖南保存最完好的天然湿地枫杨林，还有古徽州最发达的水利工程，也曾是古徽州最富庶的地方，有"歙邑首富"之称。古时还有八景——古桐乔木、梅溪书屋、南山翠屏、轴畴绿绕、清溪涵月、西陇藏云、竹林凤鸣、山源春涨，今天仍有明代建筑10多处，清代民居100多处。

西溪南村名人辈出，有新安画派画家吴龙、吴家凤，大收藏家吴廷、吴桢、吴守淮，

图 5-33　枫杨林

文化名人吴士奇、汪道昆兄弟等。明代才子祝枝山曾在此留下《溪南八景诗》,清初画家石涛则依据诗的意境作《溪南八景图册》,著名书画家董其昌、陈继儒、黄钺等也曾多次来到西溪南村。

(二)物质文化景观

1. 老屋阁

老屋阁又名"老屋角",是明代西溪南富商吴息之的旧宅。现存主体结构是明代中期的,坐东北朝西南,占地面积342平方米,通面阔17.7米,进深19.4米,2进5开间,为"口"字形四合院。砖木结构,上、下两层,下层矮,上层高,楼梯设在廊屋中。前进楼下明间为门厅,后进楼下明间为客厅。大门位于中轴线上,天井下中央有石板砌成的水池。住宅正面为水平形高墙,大门用铁皮包镶,并有水磨砖砌成的门罩。楼上厅堂宽敞,沿天井四周有一圈齐整的栏板,雕有精美的飞禽走兽和花朵,还有带扶手的飞来椅。楼

图 5-34
老屋阁内景

图 5-35　老屋阁外景

上房壁均以芦苇编篱，表面敷泥土、石灰，紧密牢固。老屋阁现为全国重点文物保护单位。

2. 绿绕亭

绿绕亭位于老屋阁东南墙脚下的池塘畔，名字源于王安石的"一水护田将绿绕"。元代天顺元年（1328），西溪南村名士吴斯能、吴斯和兄弟两人集资建造，明代景泰七年（1456）重修。亭平面近正方形，通面阔 4 米，进深 4.36 米，高 5.9 米。亭的结构、雕饰风格与老屋阁类似，唯月梁上绘有典雅工丽的包袱

图 5-36　绿绕亭

锦彩绘图案,临池一侧有飞来椅供人休息。在亭中近可观繁茂场圃,远可眺绿茵田畴。祝枝山曾作《东畴绿绕》一诗赞咏:"庞公宅畔甫田多,畎亩春深水气和。五两细风摇翠练,一犁甘雨展青罗。鱼鳞强伏轻围径,燕尾透迤不作波。最喜经锄多肯获,丰年定愧伐檀歌。"绿绕亭现为全国重点文物保护单位。

3. 果园

"果园"二字取自汉代班固《西都赋》中的"竹林果园,芳草甘木",相传这座园林是祝枝山、唐伯虎设计的，园主是富商吴天行。果园占地面积 4000 平方米，有一大一小两塘，园内曾有六景——仙人洞、观花台、石塔岩、牡丹台、仙人桥、芭蕉台，但经历了几百年的风雨后，除了两塘以外，仅剩垒石砌成的仙人洞，游人可从中窥见昔日盛景。

（三）非物质文化景观

西溪南村有许多民间传说，影响最大的要数吴天行是西门庆的原型、兰陵笑笑生是明代徽州人汪道昆，以及"百妾主人"吴天行的传说了，但由于史界暂无定论，在此不加详述。

五、泾县查济村

（一）村落简介

查济村是安徽省宣城市泾县桃花潭镇辖村，在泾县县城西南约 50 千米处，黄山山脉的北部山区，太平湖北岸。村民大多姓查，为周朝伯禽的后代，始祖是唐代宣州、池州刺史查文熙。据《查氏宗谱》记载："显于泾则自文熙公。公生于陈宣帝太建间，及唐武德间，特荐为池、南岩二州刺史。始于震山乡蓣下，遂为宣南著姓。"

查济村四面环山，只有东边较平坦、开阔，岑溪、许溪、石溪穿村而过，溪上有拱石桥、板石桥、洞石桥等连接两岸民居。村沿溪而建，两岸及巷陌皆用石板铺砌，路随水转，曲折迂回，绵延数里。古时村内曾有祠堂 108 座、庙宇 108 座、桥梁 108 座，宅院数

图 5-37　查济村

以万计,人口多达 10 万,是远近闻名的大村落,有诗云:"十里查村九里烟,三溪汇流万户间。寺庙亭台塔影下,小桥流水杏花天。"现尚有古代建筑 140 余处,建造时间为元代至清代,且门类众多,德公厅屋、二甲祠、馀庆堂、翔义堂、洪公祠、宝公祠等是其中的代表性建筑。

自查济建村以后,各朝各代出了许多名人,如唐代因功敕封王爵的查城、宋代光禄寺正卿查远、明代因平倭寇功进秩三品的查绛、《清史稿》中列传的查崇华等。

(二)物质文化景观

1. 德公厅屋

德公厅屋是元顺帝封赐查姓永德公为明

曦官而建的一座牌坊，位于村中水郎巷。牌坊为砖木结构，共四层，第一、二层砖雕在"文革"中被砸毁，第三层砖雕图案为鲤鱼跳龙门，第四层为皇帝御书"圣旨"和"明曦官"大字。进入门楼，隔一道天井，便是和一般民宅相似的三间厅屋建筑，厅内有16根楠木柱子，充分显示了查氏一族强大的经济实力。

2. 二甲祠

二甲祠又名光裕堂，位于瑞凝午道旁，是为了纪念中兴六世祖查祈宝而建的。建筑面积1100平方米，是查济村现存最完整的一座祠堂。二甲祠是三进一层抬梁式建筑，有两个天井，前院后寝，两侧是厢房。大堂开间为三间，后寝是五间。入口处有一块落轿石和两块上马石，取"文官落轿，武官下马"之意。门楼采用五凤重檐式，门檐上是空城计的精雕，门墙下有白石雕花墙裙，门扇上刻有不同的纹饰。厅堂大门两侧设有抱鼓石，上有两根阀阅，门庭上曾

图5-38
二甲祠

悬有"诰封荣禄大夫"的竖匾。过了二门，就进入了享堂，享堂为三间式，中间有一个大天井，用于采光通风和收集雨水，天井上的滴水和花边瓦刻有祥纹。厅堂的三进檐柱上的斜撑是圆雕和合二仙、松鹤延年、喜鹊登梅。厅堂南向两侧各有一个厢房，门扇上也有寓意吉祥的浮雕。享堂和寝堂之间设有屏风，寝堂比享堂高五个台阶，供奉着祖宗牌位。寝堂为五开间，堂前也有一个小天井，两侧是用来安放祭祀用品的厢房，房门上也有木雕装饰。整座建筑内部"见木不见砖"，是二甲祠最大的特点。

3. 馀庆堂

馀庆堂是典型的清代民居，二进五厢，花砖贴门墙，"凤"字墙头，山墙为天穹形，有别于徽派建筑中常见的马头墙，在查济民居中独树一帜。

图 5-39
馀庆堂的外墙

4. 翔义堂

翔义堂是一座保存较完整的明代民居。一进两层，平面为横向五间。进大门为横长形天井，被两隔墙分为三部分，提高了厢房的私密性。二层是小姐闺房，楼沿做鹅颈椅，即美人靠，为重台勾栏式，下勾栏是如意纹，上勾栏云栱间花板镂空雕卷草纹，云栱下华板雕刻凸起的如意纹。勾栏的横向用倒狮、如意等分隔，雕工精湛，形象生动。

5. 洪公祠

洪公祠建于明代，清代重修，是为纪念中兴五世祖查洪源而建的。位于许溪红楼桥畔，坐南朝北，背倚岑山，分为前、中、后三进，二进天井中有两口终年不涸的古井，大旱不竭、暴雨不溢，三进实际上在山坡上，使祠堂和山连在一起了。

6. 宝公祠

宝公祠又名敦素堂，始建于明代，是为纪念中兴五世祖查宝源而建的，清代同治年间重建。正立面为凹形大门，两侧为花砖贴面。侧立面形式简单，只有单一的马头墙，但墙体高耸，面积较大，气势磅礴。分为三进，仪门由大门、过厅和仪厅组成，主要是祭祀时供鼓乐之用；二进为明伦堂，是祭礼祖先和处理本族大事的场所；三进为寝楼，是供奉祖先牌位的地方。有两个天井，大厅后长方形天井里有两个水池，池上建有护栏，三道五级台阶直通寝楼。宝公祠中较有特色的是，大厅每根柱下的石柱础雕刻得特别精美，且直径接近 1 米，为皖南古民居中所罕见的大柱础。[①]

（三）非物质文化景观

草编蒲扇是查济最具代表性的传统手工技艺之一。编织蒲扇的材料是当地的蒲叶，经过清洗、晒干等程序后手工编织。这样编出的蒲扇不易压坏，扇出的风也很舒服。一般编织一把蒲扇至少需要 2 个小时，式样有圆形、桃形、方形等十多种，扇起来还带着蒲草的清香，扇柄上有用各色彩线做成的扇坠。在查济村，蒲草编制的蒲扇原来是家家户户必备的。但随着经济的发展，蒲扇渐渐失去了用武之地，会编的人也越来越少，现在只剩下几个老人还会这门手艺。

六、淳安县芹川村

（一）村落简介

芹川村虽位于浙皖交界处的杭州市淳安县浪川乡西部，但杭州是徽文化影响区，且芹川村村中建筑明显具有徽派风格。芹川村始祖为王瑛，宋末元初时由儒高搬至月山底，其子万宁成人后，由月山底迁居芹川村，万宁见此地"四山环抱二水，芹水川流不息"，故取村名为"芹川"。

村子距县政府所在地千岛湖镇约 45 千米，县道千汾公路经此

[①] 黄滢，马勇.中国最美的古村 1[M].武汉：华中科技大学出版社，2017.

村口。四面环山，呈坐北朝南之势，村口有狮山、象山对峙，俗称"狮象把门"。村头有进德桥和树围4米左右的古樟树5棵，最大的那棵已有800多年树龄了。整体布局呈葫芦形，上半部为建设用地，下半部为农耕用地，耕居分明，并与周围自然环境浑然一体。从山顶俯视，整个村子又沿芹川溪呈"王"字形。芹川溪宽约6米，从村正中由北向南呈反"S"形蜿蜒流过，从村头至村尾，将村分成两半。芹川溪两侧的民居大都坐东朝西或坐西朝东，溪两侧民居之间有桥梁连通，原有36座廊桥、单孔石拱桥、独木桥、木板桥，大部分还保留原有的风貌。两岸由青石板铺就，家家户户门口有水埠头，便于洗刷、戏水。临溪而建的民居，都有暗渠与溪流相连。

据《江左郡王氏宗谱》记载，芹川原有八景：银峰耸秀、芹涧澄清、象山吐翠、狮石停云、玉屏献翠、金印腾辉、餐霞滴漏、沙护鸣钟等。村中至今仍保留着约300处古建筑，且建筑类型多样，有民居、宗祠、桥梁等。其中明代建筑两处，其余多为清代和民国时期的建筑；保存完好的明清徽派古民居有60多幢，还有其他民居中少见的水榭、楼阁、戏鱼池等。

（二）物质文化景观

1. 进德桥

进德桥位于村口，为清代建筑，东西向横跨芹川溪，下为单孔石拱桥，上有似亭似廊的建筑，飞檐翘角，气势十足。两边各有两扇洞门，可以进出，所以这座桥既可避雨，又可通行。亭内墙上有一幅发黄的溪山图，图两侧有对联："世外桃源白叟黄童咸悦豫，人间福地青山绿水任徜徉。"亭上有"德业流芳"匾。墙上写着南宋

图 5-40　进德桥

诗人陆游的诗："山重水复疑无路,柳暗花明又一村。"

2. 古民居

芹川古民居大多为两层,砖木结构,外有马头墙,中有天井。大门多为石库门,以大青石贴面,并建有装饰门楼。大门下门槛是木制或石制的,门槛上还立着一个内门槛,上面的图案惟妙惟肖。大厅前设台阶,台阶两侧有素面护栏。进入大门后就是天井,首层明间是敞开式客厅,客厅两侧次间为厢房,二层大多用来储藏物品,每进之间有小厅相通,后面几进房的布局与首进基本相同。还

图 5-41 芹川村的民居

有一种民居的首进为跑马楼式,即四角各一厢房,中间一天井,二层天井檐下有护栏。大多数人家的房前屋后都有园子,再加上清澈的小溪、袅袅炊烟和各种小桥,呈一幅"小桥流水人家"的画面。

(三)非物质文化景观

1. 迎月半

迎月半即元宵节。每年元宵节的前后三

天，芹川村都非常热闹，节日气氛浓于春节。除了村民集资请戏班在各祠堂连演3天大戏外，还有"板龙巡游"这一重大节目。相传板龙迎月半巡游始于明代洪武年间。巡游时，各家各户自备一条五尺板凳，板凳两头各凿一孔，用于互相衔接，凳面插上香烛。板凳衔接成长龙，龙头用稻草扎成。夜间巡游时，近看烛光点点，远观形似火龙，非常壮观。巡游沿芹川溪进行，途经各家必点灯笼、燃放鞭炮相迎。

2. 饮食习俗

每当春节将至，村民除了杀年猪、写春联之外，还要制作一种传统特色小吃——麻酥糖，村里至今流传着"不带麻酥糖，不好进厅堂"的俗语。制作麻酥糖是个纯手工活，需要8道程序，通常一整天辛苦劳动也只能做成几十斤麻酥糖。

每当清明时节，村民都会做清明馃，作为上坟祭祀的供品，蕴含着祈求祖先庇荫后代之意。

端午节时，淳安的粽子也较有特色，大多是"枕头粽"，长、大、两道捆索，四只角，形如枕头，品种繁多，按主料可分为白米粽、赤豆粽等，按馅料可分为肉粽、豆腐粽、枣栗粽、豆沙粽等。[①]

---

① 王骝. 淳安县芹川古村落聚落与民居形态研究[D]. 杭州：浙江工业大学，2013.

第六章 徽州传统村落的保护与活化

中国传统村落文化抢救与研究
文化区系列

Chinese Traditional Villages

第一节
徽州传统村落保护与发展的现状及问题

一、国家层面相关法律法规对徽州传统村落保护与发展的作用

传统村落的保护和发展是一项规模浩大的长期性系统工程,其中完善制度与法律保障是从整体上协调村落发展、统筹区域资源配置的基础。与国外相比,我国传统村落保护工作起步较晚。1986年,国务院在公布第二批历史文化名城时,首次涉及历史文化村镇的保护问题,提出"对文物古迹比较集中,或能完整地体现出某一历史时期传统风貌和民族地方特色的街区、建筑群、小镇村落等也应予以保护,可根据它们的历史、科学、艺术价值,公布为当地各级历史文化保护区",标志着我国历史文化村镇保护工作正式启动。2002年修订的《中华人民共和国文物保护法》第二章第十四条规定"保存文物特别丰富并且具有重大历史价值或者革命纪念意义的城镇、街道、村庄,由省、自治区、直辖市人民政府核定公布为历史文化街区、村镇,并报国务院备案",明确界定了历史文化村镇包括传统村落的概念,规定了历史文化村镇保护的权责归属,从而以法律的形式规定了历史文化村镇在我国文化遗产保护体系中的地位。为了更好地保护和发展传统村落,弘扬民族传统和地方文化特色,自2003年10月起,住房城乡建设部、国家文物局已经联合公布了7批历史文化名村,徽州有几十个传统村落得以入选,对传统村落的保护工作起到了极大的促进作用。2008年4月,国务院正式颁布

《历史文化名城名镇名村保护条例》，明确了历史文化名城、名镇、名村的申报审批程序、保护规划、保护措施，规定了政府部门及主管部门的法律责任。2014年4月25日，住房城乡建设部、文化部、国家文物局、财政部以建村〔2014〕61号印发《关于切实加强中国传统村落保护的指导意见》，明确提出"建立中国传统村落保护管理信息系统，登记村落各类文化遗产的数量、分布、现状等情况，记录文化遗产保护利用、村内基础设施整治等项目的实施情况；推动建立健全项目库，为传统村落保护项目选择、组织实施、考核验收和监督管理奠定基础"。

此外，国家在构建世界遗产、全国重点文物保护单位、中国历史文化名城名镇名村、历史文化街区等遗产保护体系的同时，开始关注从地域整体对传统村落的保护实践。2008年1月，国家设立徽州文化生态保护实验区（我国第一个跨省区的文化生态保护实验区）。2014年2月，国务院同意设立皖南国际文化旅游示范区，明确提出要加强示范区内历史文化名城、古村落、古民居的保护力度。这些举措对徽州传统村落的保护起到了至关重要的作用。

二、安徽省和江西省相关法规政策概况

20世纪80年代，安徽省建设厅同省文物局组织有关部门和专家，对全省城市（县城）的历史文化遗产进行了一次调查评价，提出了安徽省第一批省级历史文化名城的建议名录和6个历史文化保护区的建议名录，省政府以皖政〔1989〕26号文件予以公布。随后建立历史文化名城名镇名村命名制度。20世纪90年代，徽州传

统村落的保护和管理工作开始走上正轨。1997年9月，安徽省人大常委会通过了《安徽省皖南古民居保护条例》（1998年1月1日实施），作为皖南古村落、古民居保护的基本法则，其中第十二条规定"各级人民政府应加强对历史文化保护区和古民居较多的村落的环境风貌的保护"。2014年，安徽省住房城乡建设厅、省文化厅、省文物局、省财政厅等部门开始公布安徽省传统村落名录。2017年5月，安徽省出台了《关于加强传统村落保护利用发展的指导意见》，加强对村落传统格局和历史风貌的保护，严格控制核心保护区的各类建设行为与控制区新建农房的层高、体量和色彩，防止建设性破坏。

江西省也制定了保护传统村落的相关政策，如2016年9月，江西省人大常委会通过了全国首部传统村落保护省级地方性法规——《江西省传统村落保护条例》，使保护传统村落和留住乡愁有法可依。

三、徽州传统村落保护与发展的总体现状

徽州是全国少有的传统村落密集区，现存传统村落保护较好且文化底蕴深厚，具有极高的旅游开发价值。目前拥有2处世界级文化遗产（西递村、宏村），2座国家级历史文化名城（歙县、绩溪县），4处AAAAA级景区（西递与宏村景区、绩溪龙川景区、古徽州文化旅游区、婺源江湾景区），20个中国历史文化名村（西递村、宏村、渔梁村、理坑村、唐模村、棠樾村、屏山村、汪口村、呈坎村、南屏村、延村、黄村、关麓村、虹关村、龙川村、雄村、灵山村、坑口村、卢村、思溪村），4条历史文化名街（屯溪老街、渔梁

街、万安老街、龙川水街）。2012年4月，住房城乡建设部、文化部等部门联合启动了中国传统村落的认定工作，截至2016年12月，先后公布了四批中国传统村落名录，其中徽州有124个传统村落得以入选。

但是，徽州大多数传统村落处于"散落乡间无人识"的状态。根据安徽省民盟2007年对徽文化及古民居现状的调研显示，由于坍塌、拆毁改建、出售外流等，皖南古民居目前正以每年5%的速度递减，也就是说，每年都有近100幢古民居面临着消失或者损毁的命运。即使在世界文化遗产西递村和宏村，古民居数量的减少速度也相当惊人——1985—2003年，西递村、宏村古民居的数量分别减少了45%和28%。因此，徽州传统村落的保护情况不容乐观。

四、徽州传统村落保护与发展的主要问题

（一）传统村落的自然性损坏

长期以来，人们对徽州传统村落的稀缺性认识不足、保护力度不够，造成传统村落的自然性损坏。徽州传统村落大多年代久远，散落在相对偏僻、贫困落后的地区，村落建筑为土木结构，抗风雨侵蚀及抗灾害能力不足，再加上白蚁危害，众多已无人居住的民宅、祠堂面临倒塌的威胁。原有的里巷、民宅、地貌、水系、植被缺乏必要的保护，其历史特征和传统文化风貌即将消失殆尽。除了极少数传统村落因被列为历史文化名村而得到较好的保护以外，大多数传统村落仍无人识、无钱修，处于自生自灭的状态，得不到有效保

护。正如 2007 年黟县时任县委书记吴文达所说："目前仍有千余幢古建筑存在梁托等木构件腐朽毁坏，很多古建开裂、倾斜甚至颓塌，有 85% 的古建筑遭白蚁、木蜂和粉蠹虫的侵害。"

（二）传统村落处于"老龄化""空巢化"的自然颓废状态

徽州土地贫瘠，农业吸引就业的竞争力弱。随着工业化、城镇化快速发展，大量农村人口，尤其是青壮年劳动力不断外流，农村常住人口逐渐减少，很多村落出现了人走房空的现象。传统村落的"老龄化""空巢化"，使传统村落缺乏维持自身发展的动力，村落发展难以为继。很多传统村落由于没了人气，在自然环境中，正日渐一日地衰败。徽州很多传统村落的现状是：交通闭塞，田地长满了杂草；很多民居人去屋空，村中偶尔可以看到一两个上了年纪的老人，还有成群的流浪狗。

（三）传统村落无规划、无秩序性和土地政策不完善导致拆旧建新的自主性破坏

自 20 世纪 80 年代以来，乡村城镇化和行政区域调整，使不少行政村、自然村被撤并；城镇扩张性发展使许多村落被圈进城中村；新农村建设误区及对传统村落实行"萎缩"管理，使不少传统村落渐趋消失或衰败。

一些地方政府以城乡统筹发展、调整土地资源为名，进行大规模的行政村撤并、迁并，或整村推倒重建，或整村搬迁合并，使不少传统村落被破坏或消失。在新农村建设中，有的地方不考虑传统

村落文化遗产的保护和传承，简单地提出"旧村改造"口号；有的地方把新农村建设变成"新村庄建设"，盲目按照高起点、高标准，大搞整齐划一的高层住宅模式；有的地方"贪大求洋"，新建小洋楼，对一些依山傍水、古朴宁静的村落进行重新规划，建设一排排整齐划一的欧式别墅，使传统村落的格局风貌和乡土建筑遭受毁灭性破坏。

上述无规划、无秩序性的撤并扩张活动，是徽州传统村落不断遭受毁坏、大量消失、持续失去可印象性的重要原因。

此外，农民对现代生活方式和品质的合理追求，对原有居住环境的不满意成为传统村落保护的内部压力。在经济较发达地区，富裕起来的农民为了改善居住条件，不断以"新"代"旧"、以"洋"代"土"、以"今"代"古"，拆建改造了大量百年老宅。这种情形出现的直接原因是我国农村长期实行"一户一宅"政策，即乡土建筑"旧房宅基不拆，新房地基不批"的用地政策，使传统村落的居民在原址上"拆旧建新""弃旧建新"，众多传统村落的乡土建筑遭到普遍的自主自建性破坏。

（四）地方政府重开发、轻保护和过度商业化开发导致的旅游性破坏

部分地方官员持"唯GDP论"，对传统村落的保护意识十分淡薄，对乡土建筑价值的认识只停留在旅游开发上，而对其丰富的历史、科学、社会、艺术等价值知之甚少。不少地方政府片面追求传统村落乡土建筑的经济价值，重开发利用、轻保护管理的现象相当普遍。一些具有重要价值的乡土建筑因保护管理不善而遭到损毁，尤其是成功申报定级的历史文化名村，面临着旅游性、开发性的破

坏，正在走向文化遗产"加速折旧""文化变异"之路。

　　一些旅游开发公司把传统村落当作开发旅游的赚钱工具，对乡土建筑开发利用无序，维修质量粗糙低劣，随意改变原生态文化的真实性，甚至擅自迁建、移建，新建仿古街、假遗存，严重破坏传统村落的原真性文化特征和原生态自然环境。一些地方盲目对传统村落进行旅游开发，未制定保护利用规划，简单采取商业化模式运作——把古迹当景点，把遗产当卖点，将开发传统村落变成赚钱的新路子，甚至将传统村落整体转让承包，或将经营权变相转卖给旅游公司。有的国家级历史文化名城名镇名村的地方政府违背《中华人民共和国文物保护法》的规定，无原则地顺从开发商的意愿进行过度开发，使传统村落失去了历史文化要素，成为"文化空壳"。

（五）法规政策不健全、产权不清给传统村落保护带来困难

　　传统村落保护在我国兴起较晚，法规政策不健全，制度建设相对滞后；传统村落的概念、范围不清晰；《中华人民共和国文物保护法》《历史文化名城名镇名村保护条例》没有对传统村落做出保护要求与规定；各地的地方性保护法规具有明显的局限性和地域性。

　　由于传统村落的乡土建筑经过数代传承，有的产权不清，有的产权分散；有些建筑早已人去屋空，处于"空壳"状态；有的房主不愿维修，任其日益破败。近年来，一些有重要保护价值的建筑的精美木雕构件、门窗被一些文物贩子盗卖；一些文物贩子以购买旧木料的名义低价拆除传统建筑，转卖给旅游企业、景区或国外收藏者；还有人把整个古镇、古村落"吞下"，整体包装，进行旅游开发，甚至拿去上市。

上述问题都给传统村落的科学保护和合理利用带来了较大困难。

（六）传统村落保护范围广、制定标准难、保护资金缺乏、研究保护人才匮乏

传统村落的保护范围既包括物质文化遗产与非物质文化遗产，又包含自然景观与生态环境，再加上各地情况差别很大，保护对象较复杂且有交叉现象。

有关的研究工作基础相对薄弱，较难制定统一的保护标准和规范。

在现行制度下，地方政府与开发公司对投资维修的积极性普遍不高。许多乡土建筑的维修费用要高于建筑的新建费用，而文物保护专项资金不能补贴产权为私人所有的建筑，使有保护价值的乡土建筑无法得到及时维修和保护，只能任其损毁。各级财政部门的文化遗产保护资金常常用于城区文化遗产，较少用于农村传统村落，造成众多传统村落的乡土建筑缺乏保护经费而得不到修缮和保护。近年来，虽然各地对文化遗产的保护越来越重视，专项经费也逐年增多，但对面广、量大的传统村落来说仍是杯水车薪。

由于乡土建筑市场"萎缩"，建造、修缮乡土建筑的民间工匠早已纷纷改行，熟知乡土建筑形制、样式和特色工艺的工匠已经后继无人。由高校培养的相关专业人才也极少，具备专业技能的木工、泥工奇缺，严重制约了传统村落乡土建筑保护工作的正常开展。相关部门对乡土建筑的维修和保护缺乏技术指导、政策扶持，仅凭农民自身的力量，难以做好乡土建筑的维修和保护工作。

第二节
徽州传统村落保护与活化的实践模式

现在，传统村落的保护大致分为两种方式：一是列入政府保护名录，偏静态保护，以资金支持、规划限制、技术指导等为主要措施，主导者是政府；二是进行旅游开发，是利用式保护，以展示、弘扬、体验、传承、旅游反哺等为主要措施，主导者大多是企业。前者的政府保护名录主要指中国历史文化名镇名村名录、中国传统村落名录；后者是以旅游促进保护，也是活化的方式之一，按开发主体可以分为政府主导型、企业主导型、社区主导型、政府+企业+农户混合开发型等。

黟县于1985年成立黟县旅游资源开发利用领导组，正式打出旅游的旗号，之后以宏村、西递村为领头羊，正式发展黟县旅游。

宏村的保护与开发之路比较曲折，经历了开发模式的巨大变革：20世纪80年代是以政府为主导，承志堂于1985年向游客收费开放，标志着宏村旅游开发正式起步。这一阶段资金投入不多，经营效果不尽如人意，部分景观得到修复。1996年，黟县旅游局将宏村的经营管理权移交给际联镇（现宏村镇），宏村人也注册了旅游开发公司，这一阶段属于村镇联合型开发经营模式，门票收入增加，村民获得了分红，但村中石板路面损坏、房子年久失修、环境污染严重。1997年，黟县政府与中坤科工贸集团签订了为期30年、总投资2518万元的《黄山市黟县旅游区古民居、旅游项目合作协议书》，并根据协议成立了由黟县旅游局、文物局参与的黄山京黟旅游开发总公司，开启了企业租赁开发经营时代。

1986年9月，西递村成立旅游景点管理处，旅游业正式起步。1994年，在唐茂林的带领下，西递村成立了村办集体企业——西递旅游服务公司。2013年，西递旅游服务公司被收归县政府成立的徽黄旅游集团旗下，成为后者的全资子公司，西递旅游业由此转变为政府主导型。

宏村是国内首个企业主导运营的世界文化遗产，西递村则可以算是因社区主导的先天劣势而转为政府主导型。但无论是政府主导型，还是企业主导型，都有一些优点，比如社会效益比较好、开发经营成效较明显等；也有一定的不足之处，比如产权关系不清晰，村民利益难协调；开发商追求短期利益，易造成过度开发等。

第三节
徽州传统村落的活化路径展望

一、徽州传统村落活化的总体原则

（一）传统村落活化与创新发展并重

只有守住了传统村落、古民居和古风貌实体空间的"筋骨肉"，才能传承乡村文化灵动飞舞的"精气神"。只有将物质文化遗产的实物载体"凝固住"，非物质文化遗产才会"活起来"。活化升级要力争将文化遗产保存在所属村落的固有风貌环境中，采用创新发展的思路，融合多样的新型农业业态，在保护与利用之间找到最佳契合点。

（二）传统村落活化与美丽乡村建设同步

应按照《安徽省美丽乡村建设验收办法》的要求进行美丽乡村创建，优先查漏补缺完成美丽乡村达标设施建设。尊重村民意愿，重视和发挥原住村民在传统村落保护中的主体作用，优化传统民居的内部设施，使生活污水和生活垃圾得到有效处理，让村民享受到生态环境的优美和现代生活的便利，造福当地百姓，建设宜居、宜业、宜游的美丽乡村。

（三）传统村落活化应重视特色性与多样性

传统村落的活化升级难以出台统一的标准或者规程，必须针对每个传统村落的具体情况具体分析，注重特色，突出重点，多样发展。不同的村落应根据当地的历史人文、资源条件、经济条件，注入不同的有生命力的活化元素，注重引入专业技术力量、社会组织力量和市场资本力量，多方共同开发，才能实现保护与开发的共赢。

（四）传统村落活化应避免建设性破坏

传统村落是居住地，也承载着乡愁、沉淀着文化，本身就是一种旅游资源，活化利用时不能破坏村落的自然环境、文化习俗、传统建筑等，以免造成建设性破坏。但发展旅游业并不是传统村落活化升级的唯一必然路径，活化后的传统村落必须有人继续居住才不会"空壳化"，所以在传统村落整体生态的保护方面，既包括修缮房屋、恢复风貌，也包括复原农耕文化、还原乡俗生活。

（五）传统村落活化与区域旅游资源整合

单一的传统村落旅游并不能满足现代人休闲的需要，也难以持续发展，必须整合周围的旅游资源，进行统筹策划。对有条件的传统村落自然特色景点、农业生态产业园、乡村农家乐等，可以建立联合营销、利益共享机制，开通旅游公交专线，发售短途旅游优惠联票，延长游客的停留天数。找准传统村落的特点，将其纳入区域大生态、大旅游、大文化中，才能实现共赢和持续发展。

二、徽州传统村落活化的政策引导

（一）研究宏观政策

近年来，加强传统村落的保护已逐渐成为全社会的共识，国家已陆续制定了很多关于乡镇建设、传统村落保护的方针政策。2008年，国务院颁布的《历史文化名城名镇名村保护条例》使历史文化名城、名镇、名村的保护走上了法制轨道，保护工作从此有章可循、有法可依。2014年，住房城乡建设部、文化部、国家文物局、财政部在《关于切实加强中国传统村落保护的指导意见》中明确了保护传统村落的基本原则、主要目标、主要任务、基本要求、保护措施等。

另外，2006年中央一号文件对社会主义新农村建设做了全面、深刻、系统的阐述，"生产发展、生活宽裕、乡风文明、村容整洁、管理民主"成为包括传统村落在内的广大农村发展、进步的新要求。2006年11月，在中国古村落保护国际研讨会暨"古村落保护与新农村建设高峰论坛"上，与会人员提出了"古村落保护与新农村建设"这一主题。处理好"古"与"今"的关系，保留并传承传统村落，是延续民族命脉、促进社会可持续发展的重大节点。

只有学习和把握宏观政策，从仅关注微观问题转向兼顾宏观研究，才能从整体上有效统筹协调传统村落保护与发展过程中出现的问题，并为具体的传统村落规划和发展政策提供有效方法或思路。

（二）创新管理机制

以往建设方面的政策，大多是由上至下推行，追求秩序和一律性。传统村落的资源条件和村民的需求是多样化的，不少村民不愿意花时间和精力机械化服从管理，乡土文化的缺失也必然会带来传统村落风貌的不和谐，对传统村落的发展是极为不利的。传统村落保护与村民利益出现冲突时，地方上可能出现不配合的情况，这就需要村落管理机制通过创新来形成启迪式发展模式。传统村落保护和发展的根本目的，实际上是要把传统村落的经济、社会、文化活力激发出来，让村民能够通过自行再创造而使村落得以延续和发展。

因此，村落管理机制创新，除了自动形成传统民居、街巷等的养护机制以外，也是对原有的自上而下行政推广模式的取代。

具体而言，需要在以下几个方面进行突破：1.完善现行项目审批制度，建立面向公众的传统村落发展项目社会评价机制，实现公众参与，建立合作、协调、利益均衡的多方伙伴关系；2.实现公益性项目和经营性项目的均衡和联动发展，保证村落规划实施的综合性、可控性和系统性；3.形成传统村落新区建设、住房保障、拆迁补偿、民政救助等方面的联动运作机制；4.倡导旧住房原住村民自行组织改建、修复等。总之，应通过各种激励机制，实现从政府主导、指定的封闭式管理，到村民自行组织、优选的开放式管理机制的转变。

（三）编制保护规划

2012年，住房城乡建设部与国家文物局组织编制了《历史文化名城名镇名村保护规划编制要求》（试行），以提高历史文化名城、名镇、名村规划编制的科学性、规范性和可操作性，更好地指导保护工作的开展。一个科学的、有较强可操作性的保护规划，必须包括以下几个方面的内容：1.从全局和整体发展出发，做好保护规划；2.通过规划，保护传统村落风貌、历史肌理、空间格局，解决好传统村落人口控制问题；3.提出具体的保护措施，以及景观绿化、安全防灾、新区建设等措施；4.划定保护范围和建设控制地带；5.确定保护项目和保护地段，并提出相应的保护和整治规划；6.重视整体文化环境的保护，包括自然环境、社会环境，以及教育、科技、文艺、道德、民族心理、传统习俗等。

编制保护规划的指导思想应该是《中华人民共和国文物保护法》规定的"保护为主、抢救第一、合理利用、加强管理"。在这一指导思想下，在编制传统村落保护规划时应正确处理保护与发展的关系，在为保护历史文化遗存创造有利条件的同时，还应推动村落发展，以适应经济、社会的发展，满足日常生活和工作环境的需要，使保护和建设协调发展；注意对濒临消失的历史文化遗产的抢救和保护；注重保护文化遗产的历史真实性、历史风貌的完整性和生活的延续性；分析传统村落的历史演变、性质、规模及现状特点，并根据文化遗产的性质、形态、分布特点，因地制宜地确定保护对象和保护措施。

三、徽州传统村落活化的组织模式

（一）文物建筑就地保护

对一些具备极高历史文化价值和艺术审美价值的文物古建筑，分别列为区、县、省、国家各级文物保护单位。少数被联合国教科文组织认定为世界文化遗产的，由于这类建筑遗产的独特性，受到《中华人民共和国文物保护法》的保护，一般是作为静态的陈列馆就地保护。就地保护一般要求保留建筑本体的完整性。

（二）濒危建筑易地保护

易地保护是指因客观的非迁建无以就地保护等情况，将具有突出价值的乡土建筑遗产，通过拆解重建的方式，严格按原样另选他处建造。易地保护通过科学、有限制、有规划地将独特的、典型的单体古建筑整体搬迁，异地重建，既可实现集中保护、集中管理、集中利用，又可以传播文化，是保护与利用结合的可行方式。

（三）居民外迁式传统村落保护

易地保护在某种程度上丧失了建筑遗产的原真性，也丧失了历史信息的完整性，而居民外迁式保护可以说是对传统村落进行的全面保护，它保护了传统村落的内外环境，对传统村落进行了孤立的、静态的、单一的博物馆式保护。比如婺源篁岭，将村民全部搬迁到山下的安置区，对传统村落进行重新"化妆"，并返聘村民，让村民成为景区的员工，这样既保护了传统村落，又使村民得到了收益。

（四）功能更新式古建筑保护

功能更新式古建筑保护主要是指对古建筑单体内部进行改造和改造建筑外环境。内部改造一般包括对厨房的现代化改造，整治给排水系统，添置浴室、卫生间，基本上保持了原有风貌。外环境改造一般是对村落的道路系统、水系、电路管道等进行局部改造，如铺上水泥路、连上自来水管、设计排水系统、安装路灯等。内部改造满足了居民的居住需求，外环境改造改善了村民的居住环境。这种改造方式一般受乡规民约的制约，并按照传统营建手段进行，基本上保持了村落整体的古朴氛围。

(五)传统村落整体保护

传统村落整体保护的核心是把乡土建筑与乡村生活作为不可分割的完整系统,除了保护乡土建筑遗产个体、整体风貌(山形、水系、道路、桥梁、绿化植被等背景因素)和空间格局,还要保留村民原生态的生产、生活。整体保护是以新、旧区隔离的办法来解决保护和发展的矛盾的,通过适当的、有限的改造来解决传统村落不适应现代生活的矛盾。它不是限制改造再利用,而是为人们生活方式的更新提供了有效的思路,这种保护方式具有综合性、系统性、可持续性。

四、徽州传统村落活化的技术支撑

(一)空间信息技术

空间信息技术是20世纪60年代以来逐步发展起来的以获取、管理、分析、表达与地理位置相关的空间信息为主体的信息技术的总称,具体包括遥感技术(RS)、全球导航卫星系统、地理信息系统(GIS)、虚拟现实等技术。概括起来,空间信息技术具有以下五个特点:信息获取的客观性、信息定位的精确性、信息管理的灵活性、信息分析的空间性、信息表达的直观性。

传统村落保护涉及一系列具体工作,如传统村落的调查、识别、规划、管理、利用等,其根本目的在于通过调查与识别,确定传统村落资源的重要性与敏感性,继而通过科学规划与管理保护传统村落资源的完整性、真实性，最终合理利用传统村落的资源，实现传统村落的可持续发展。在开展上述工作的过程中，特别需要 RS、GIS 等空间信息技术的支撑。

首先，传统村落的调查与分析是一项浩大的基础性工作，借助 RS 获取的遥感影像，有助于在宏观上认识与把握传统村落的空间分布及其相互关系，且高分辨率的航天航空遥感图像能辅助于传统村落的详细调查与定量分析。近年来，高分辨率遥感技术与高光谱遥感技术的发展，更是使得 RS 如虎添翼，有望在传统村落调查与分析工作中发挥更大的作用。

其次，在传统村落规划和管理工作中，将应用 GIS 所获得的村落经济、社会、基础设施等数据，按照空间信息和属性信息进行分类组织与管理，形成传统村落综合数据库，有助于实时开展村落资源的查询、检索、分析以及可视化表达。在传统村落规划前期，可以通过多因素评价，确定传统村落资源的重要性与敏感性，并依此制定分级、分类、分区保护管理政策。同时，可以借助遥感技术对传统村落进行动态变化监测，以便随时掌握现实性很强的传统村落资源变化情况，及时调整规划与管理方案，实现对传统村落资源完整性与原真性的保护。

最后，在传统村落的发展和宣传方面，利用遥感技术，可以对传统村落资源的空间分布、程度差异等进行监测，以便形成实时反馈机制，并随时做出调整。同时，借助 GIS 与管理信息系统，可以有效地宣传村落文化价值、特色，从而引起社会各界的广泛关注，并有助于熏陶与教育村民，提高村民对传统文化的认知和自豪感。

（二）新媒体技术

随着数字技术、移动互联网技术的成熟和应用的推广，新媒体已成为传媒体系中重要的组成部分。传统的传媒工具对较年长的宣传对象仍是有用的，也可以保留较长时间。但是随着技术的发展，越来越多的人深受视觉冲击性强和各种新颖的交互式宣传方式的吸引。据研究，目前国内的旅游地在宣传策略中普遍存在的一个问题是：文字内容过多，一般的受众无法对此产生兴趣，新媒体传播消费的主力军——中青年群体更是对此没有好感，导致宣传效果低下。

据此，在传统村落的宣传、保护、发展过程中，要在巩固传统媒体弘扬传统文化的基础上，抓住传媒时代的契机，利用新媒体扩大传统村落资源和文化的宣传范围与影响力度。一方面继续推进传统村落文化方面一般图书、教材的编写，另一方面要通过新媒体（含网站建设、微信等）植入宣传传统村落的内容，录制地方风俗、文化活动、景观风貌的影像资料，建立传统村落官方网站，或者通过深入挖掘民间故事和历史文化，拍摄相关的影视剧，打开国内宣传通道，甚至走向国际。

五、徽州传统村落活化的实施策略

（一）统筹协调，重点活化

开展传统村落活化升级工作，要整体协调、分步实施、注重实效。根据传统村落的现状及开发价值的挖掘情况，在整体统筹协调的基础上，筛选一批保护利用价值高、带动示范效应强、群众保护利用积极性高、富有特色的传统村落，作为重点活化对象，从资金筹措、保护制度的制定、产权置换、社会管理、执法监督等方面给予政策支持，为树立成功典型打好基础。

（二）文化为脉，融合升级

对特色民居、重要纪念物、宗祠等进行维护，尽量保持其周边环境的原貌，并在特定时间组织传统文化活动，再现传统文化精神，延续历史记忆，保护文化遗产。另外，注重对传统村落典故传说的挖掘、整理，讲好徽州传统村落的故事。

（三）保护与旅游协调发展

徽州传统村落中有不少成熟的景区，每年吸引大量游客，带来庞大的消费群体。应将特色传统村落与周边旅游资源进行整合"打包"，以成熟景区为龙头，带动传统村落的发展，形成"周边看风景，村中品文化"的特色旅游。另外，传统村落之间应建立客源共享机制，把各具特色的传统村落串联成一个整体，以满足游客吃、住、娱（乐）、购、休（闲）的旅游需要，打造"徽州特色传统村落经典专线游"线路。

(四）引入社会力量，高效开发经营

对村民"自保"有困难，而又需要抢救保护的古建筑，应引入社会力量，通过单体出租、整体出租等形式，实现保护利用。古民居业主可在产权不变的情况下，对古民居进行评估，入股传统村落投资主体，以股权方式参与传统村落的经营活动，享受收益分配权。在保存村落原有建筑风貌和尊重历史文化的前提下，引入有长远规划、懂文化创意的运营公司进行长期、有效的开发，完善养生养老、康体休闲、会议会展、休闲度假等设施，构建相对完善的休闲、度假体系，将传统村落打造成观光、休闲、体验等为一体的度假旅游目的地。

（五）构建可持续发展的融资策略

只有政府财政投资，传统村落活化是不可持续的。应当积极引入社会资本，进行传统村落保护和经营，提高开发和运营效率。在具体实施中，应当构建规划—建设—运营—投融资的完整产业链，重视投资规划，并对投资项目进行经营性、准经营性和公益性分类。其中，公益性项目由政府投资建设，准经营性和经营性项目靠社会资本力量来建设运营，以提高资金使用效率，保障项目的"落地"实施，达到传统村落从"输血"到"造血"的转变，实现可持续发展。

参考文献

REFERENCES

[1] 许承尧.歙事闲谭[M].合肥：黄山书社，2001.
[2] 吴翟，刘梦芙.茗洲吴氏家典[M].合肥：黄山书社，2006.
[3] 较陈锡，赵继序，章瑞钟.绩溪县志[M].[出版地不详]：[出版者不详]，1756.
[4] 卞利.明清徽州社会研究[M].合肥：安徽大学出版社，2004.
[5] 罗愿.新安志[M].[出版地不详]：[出版者不详]，1888.
[6] 陆林，凌善金，焦华富.徽州村落[M].合肥：安徽人民出版社，2005.
[7] 赵华富.徽州宗族研究[M].合肥：安徽大学出版社，2016.
[8] 朱永春.徽州建筑[M].合肥：安徽人民出版社，2005.
[9] 李琳琦.徽州教育[M].合肥：安徽人民出版社，2005.
[10] 赵吉士，周晓光，刘道胜.寄园寄所寄[M].合肥：黄山书社，2008.
[11] 高寿仙.徽州文化[M].沈阳：辽宁教育出版社，1995.
[12] 丁廷楗，卢询，赵吉士.徽州府志[M].合肥：黄山书社，2010.
[13] 李传玺.徽州古村落[M].合肥：安徽科学技术出版社，2015.
[14] 张铁成.这年头一定要会点风水学[M].北京：新世界出版社，2010.
[15] 黄滢，马勇.中国最美的古村1[M].武汉：华中科技大学出版社，2017.
[16] 潘国泰，朱永春.安徽古建筑：汉英对照[M].赵速梅，译.合肥：安徽科学技术出版社，1999.
[17] 程必定，汪建设，郑建新，等.徽州五千村：5：祁门县卷[M].合肥：黄山书社，2004.
[18] 中华人民共和国住房和城乡建设部.中国传统建筑解析与传承：安徽卷[M].北京：中国建筑工业出版社，2016.
[19] 王宗本.休宁宣仁王氏族谱[M].[出版地不详]：[出版者不详]，1610.
[20] 胡宝铎，胡宣铎.明经胡氏龙井派宗谱[M].[出版地不详]：[出版者不详]，1921.
[21] 王铣.武口王氏统宗世谱[M].[出版地不详]：[出版者不详]，1570.
[22] 邵玉琳，邵彦彬.华阳邵氏宗谱[M].[出版地不详]：[出版者不详]，1910.
[23] 《徽州文化大辞典》编委会.徽州文化大辞典[M].合肥：中国科学技术大学出版社，2015.
[24] 黄玄豹，黄景琯，黄臣槐.潭渡黄氏族谱[M].[出版地不详]：[出版者不详]，1731.
[25] 许登瀛.重修古歙东门许氏宗谱[M].[出版地不详]：[出版者不详]，1741.
[26] 黄山市徽州文化研究院.徽州文化研究：第二辑[M].合肥：安徽人民出版社，2004.
[27] 卞利.徽州民俗[M].合肥：安徽人民出版社，2005.
[28] 朱勇.清代宗族法研究[M].北京：法律出版社，2017.
[29] 秦俭，龚美玲.婺源乡村[M].北京：中国旅游出版社，2007.
[30] 胡缉熙.龙川胡氏宗谱[M].[出版地不详]：[出版者不详]，1924.
[31] 倪国华.聚落人文的典范：渚口[M].合肥：合肥工业大学出版社，2005.
[32] 陆林，凌善金，焦华富，等.徽州古村落的演化过程及其机理[J].地理研究，2004，23（5）：

686-694.
- [33] 程君, 苏继会, 余磊. 徽州古民居的地域性解析[J]. 建筑装饰材料世界, 2008（7）: 56-67.
- [34] 王灿. 明清徽州族规家法的特征与功用探析[J]. 合肥工业大学学报（社会科学版）, 2016, 30（6）: 58-65.
- [35] 胡晓耕. 徽州彩绘壁画的历史形成、特征与价值[J]. 黄山学院学报, 2015, 17（4）: 82-85.
- [36] 赵华富. 黟县南屏叶氏宗族调查研究报告[J]. 徽州社会科学, 1994（2）: 39-49.
- [37] 吴玉英. 古徽州重视教育初探[J]. 中国农村教育, 2009（11）: 15-16.
- [38] 李久林, 储金龙, 叶家珏, 等. 古徽州传统村落空间演化特征及驱动机制[J]. 经济地理, 2018, 38（12）: 153-165.
- [39] 周星宇, 罗杰威. 浅论徽商对徽州传统聚落的影响[J]. 安徽建筑, 2011（6）: 10-11.
- [40] 何颖, 韦义洋. 徽州古村落水环境空间分析[J]. 安徽农业科学, 2012（20）: 10479-10482.
- [41] 赵华富. 婺源县游山董氏宗族调查研究[J]. 徽学, 2002（0）: 26-57.
- [42] 陈旭东. 徽州传统村落对水资源合理利用的分析与研究[D]. 合肥: 合肥工业大学, 2010.
- [43] 夏天. 徽州建筑文化在当代建筑设计中传承研究: 以岳西县"四馆一中心"方案设计为例[D]. 合肥: 安徽建筑大学, 2015.
- [44] 金乃玲. 徽州古村落建筑的文化特征[D]. 合肥: 合肥工业大学, 2006.
- [45] 束冬冬. 黟县古村落景观研究初探[D]. 北京: 北京林业大学, 2011.
- [46] 吴晓. 基于徽州古村落景观智慧的美好乡村景观规划设计研究[D]. 合肥: 安徽农业大学, 2015.
- [47] 周枫. 基于徽文化传承下的皖南地区乡村规划研究[D]. 合肥: 安徽农业大学, 2015.
- [48] 甘琦. 徽州传统聚落景观研究[D]. 北京: 北京林业大学, 2014.
- [49] 程李英. 论明清徽州的家法族规[D]. 合肥: 安徽大学, 2007.
- [50] 宋博. 安徽卢村志诚堂木雕装饰艺术研究[D]. 苏州: 苏州大学, 2012.
- [51] 王骝. 淳安县芹川古村落聚落与民居形态研究[D]. 杭州: 浙江工业大学, 2013.
- [52] 陈开曦. 骇世族规护水口, 蓊蓊郁郁红豆杉[N]. 黄山日报, 2016-01-16（03）.
- [53] 倪永宏. 尚书故里渚口村[EB/OL].（2012-11-06）[2019-04-06].http://hs.wenming.cn/kjyy/201211/t20121106_405560.html.

附录：徽州传统村落名单

表 7-1　徽州传统村落安徽部分

序号	批次	名称
1	第一批 （2012-12-17）	黄山市黄山区永丰乡永丰村
2		黄山市徽州区呈坎镇呈坎村
3		黄山市徽州区呈坎镇灵山村
4		黄山市徽州区潜口镇潜口村
5		黄山市徽州区潜口镇唐模村
6		黄山市歙县徽城镇渔梁村
7		黄山市歙县郑村镇棠樾村
8		黄山市黟县宏村镇宏村
9		黄山市黟县宏村镇卢村
10		黄山市黟县宏村镇屏山村
11		黄山市黟县碧阳镇关麓村
12		黄山市黟县碧阳镇南屏村
13		黄山市黟县西递镇西递村
14		黄山市休宁县万安镇万安老街
15		黄山市休宁县商山镇黄村
16		黄山市祁门县闪里镇坑口村
17		宣城市绩溪县瀛洲镇龙川村
18	第二批 （2013-08-26）	黄山市歙县深渡镇阳产村
19		黄山市歙县深渡镇漳潭村
20		黄山市歙县深渡镇漳岭山村
21		黄山市歙县北岸镇瞻淇村
22		黄山市歙县许村镇许村村
23		黄山市歙县雄村乡卖花渔村
24		黄山市歙县雄村乡雄村村
25		黄山市黟县碧阳镇碧山村
26		黄山市黟县碧阳镇古筑村
27		黄山市黟县碧阳镇古黄村
28		黄山市黟县碧阳镇石亭村

续表

序号	批次	名称
29		黄山市黟县碧阳镇马道村麻田街
30		黄山市黟县宏村镇塔川村
31		黄山市黟县宏村镇秀里村
32		黄山市黟县宏村镇下梓坑村
33		黄山市黟县宏村镇龙川村
34		黄山市黟县渔亭镇团结村
35		黄山市黟县西递镇石印村珠坑
36	第二批 （2013-08-26）	黄山市黟县西递镇叶村村利源
37		黄山市黟县柯村乡翠林村
38		黄山市黟县柯村乡竹柯村
39		黄山市黟县美溪乡美坑村
40		黄山市黟县宏谭乡竹溪村
41		黄山市休宁县溪口镇花桥村木梨硔
42		黄山市休宁县陈霞乡里庄村
43		黄山市祁门县历口镇历溪村
44		黄山市祁门县历口镇环砂村
45		宣城市绩溪县瀛洲镇仁里村
46		黄山市黄山区仙源镇龙山村
47		黄山市黄山区焦村镇郭村
48		黄山市黄山区三口镇湘潭村
49		黄山市黄山区新丰乡盛洪村
50		黄山市徽州区西溪南镇琶塘村
51	第三批 （2014-11-17）	黄山市徽州区西溪南镇西溪南村
52		黄山市歙县霞坑镇石潭村
53		黄山市歙县三阳乡叶村
54		黄山市歙县深渡镇凤池村
55		黄山市歙县深渡镇深渡老街
56		黄山市歙县北岸镇北岸村
57		黄山市黟县碧阳镇余光村
58		黄山市黟县宏村镇际村

续表

序号	批次	名称
59		黄山市黟县美溪乡兰湖村
60		黄山市休宁县海阳镇万全村
61		黄山市休宁县海阳镇溪头村
62		黄山市休宁县溪口镇祖源村
63		黄山市休宁县流口镇流口村
64		黄山市休宁县汪村镇岭脚村
65	第三批 （2014-11-17）	黄山市休宁县汪村镇石屋坑村
66		黄山市休宁县白际乡项山村
67		黄山市休宁鹤城乡右龙村
68		黄山市祁门县溶口乡奇岭村
69		黄山市祁门县渚口乡大北村
70		黄山市祁门县渚口乡渚口村
71		宣城市绩溪县上庄镇上庄村
72		宣城市绩溪县伏岭镇湖村
73		黄山市徽州区潜口镇蜀源村
74		黄山市徽州区西溪南镇竦塘村
75		黄山市歙县北岸镇白杨村
76		黄山市歙县杞梓里镇杞梓里村
77		黄山市歙县杞梓里镇苏村
78		黄山市歙县杞梓里镇滩培村
79		黄山市歙县霞坑镇萌坑村
80	第四批 （2016-12-09）	黄山市歙县岔口镇祝筒坦村
81		黄山市歙县岔口镇庐山村
82		黄山市歙县坑口乡柔川村
83		黄山市歙县上丰乡蕃村
84		黄山市歙县昌溪乡沧山源村
85		黄山市歙县森村乡黄备村
86		黄山市黟县碧阳镇柏山立川村
87		黄山市黟县碧阳镇赤岭村
88		黄山市黟县宏村镇江村

续表

序号	批次	名称
89	第四批 （2016-12-09）	黄山市黟县宏村镇横断村
90		黄山市黟县渔亭镇桃源村青岭山
91		黄山市黟县西递镇霭峰上村
92		黄山市休宁县蓝田镇枧潭村
93		黄山市休宁县蓝田镇五陵村
94		黄山市休宁县鹤城乡樟源里村
95		黄山市祁门县芦溪乡芦溪村
96		黄山市祁门县新安乡珠林自然村
97		宣城市绩溪县上庄镇石家村
98		宣城市绩溪县上庄镇宅坦村
99		宣城市绩溪县伏岭镇伏岭村
100		宣城市绩溪县家朋乡尚村
101		宣城市绩溪县家朋乡霞水村

表7-2　徽州传统村落江西部分

序号	批次	名称
1	第一批 （2012-12-17）	上饶市婺源县江湾镇江湾村
2		上饶市婺源县江湾镇汪口村
3		上饶市婺源县思口镇延村
4		上饶市婺源县沱川乡理坑村
5		上饶市婺源县浙源乡虹关村
6	第二批 （2013-08-26）	上饶市婺源县清华镇洪村村
7		上饶市婺源县秋口镇李坑村
8		上饶市婺源县秋口镇长径村
9		上饶市婺源县江湾镇晓起村
10		上饶市婺源县思口镇西冲村
11		上饶市婺源县思口镇思溪村
12		上饶市婺源县镇头镇游山村

续表

序号	批次	名称
13	第二批 （2013-08-26）	上饶市婺源县段莘乡庆源村
14		上饶市婺源县浙源乡岭脚村
15		上饶市婺源县浙源乡凤山村
16	第三批 （2014-11-17）	上饶市婺源县清华镇诗春村
17		上饶市婺源县江湾镇篁岭村
18		上饶市婺源县中云镇豸峰村
19		上饶市婺源县沱川乡篁村
20	第四批 （2016-12-09）	上饶市婺源县赋春镇上严田村
21		上饶市婺源县赋春镇甲路村
22		上饶市婺源县段莘乡东山村
23		上饶市婺源县大鄣山乡黄村村

注：本附录根据住房城乡建设部、文化部（现文化和旅游部）、财政部等政府部门公布的前四批中国传统村落名录整理而得，不含第五批中国传统村落名录。

后记
AFTERWORD

中国传统村落作为中华文化遗产的重要载体，承载着中华民族的历史记忆，是人类农耕文明的重要见证，也是中华民族认同的根源，具有重要的文化价值、生态价值和经济价值。但在快速城镇化、现代化的冲击下，中国传统村落正在面临生存的挑战。传统村落的消失不仅意味着村落建筑的消亡，更意味着传统村落所蕴含的文化价值的消亡。近几十年来，随着经济的大发展以及城镇化的推进，大量青壮年走出乡村，定居城市，传统村落面临着"空心化"的窘境。如今，国家已经充分意识到传统村落保护的重要性，采取了一系列的保护措施。

"中国传统村落文化抢救与研究"系列丛书于2016年入选了"十三五"出版规划。本套丛书从文化区、物质文化、非物质文化三个方面全方位阐释中国传统村落文化。其第一辑文化区系列于2020年付梓，项目从策划到出版历时近5年。

一本书的诞生，包含着主编、编写者、编辑、校对、审读专家等众多参与者的心血。为了保证图书的如期出版，每个人都奉献和付出了许多。

感谢每一位编写者的勤勉，在繁重的教学和科研任务压力之下，他们利用每一个休息的空隙，孜孜不倦地书写着中国传统村落的过去、现在和未来，用朴实真挚的文字记录着村落的每一次成长与新生。

本书还配有大量精美图片帮助读者解读内容，但由于信息的更迭和转换，仍然有个别图片找不到原始版权的所有人。希望读到这本书，或者通过其他途径获取到这个信息的版权人，发送邮件至459202365@qq.com，主动与我们取得联系，我们感谢您的理解和支持。

我们本着保护和弘扬村落文化的初心，试图对中国传统村落进行一次科学的梳理、抢救性记录和提出保护建议，通过深度挖掘传统村落的价值，重新唤起社会关注，重振乡居生活方式。让越来越多的人通过阅读，了解传统村落文化的美好与珍贵，从而加入到保护者的行列。

2020年，突如其来的新冠肺炎疫情打乱了每个人的生活工作节奏，但是大家克服了自身的困难和心里的不安，携手走到了最后。再次感谢参与这套丛书出版的每一个人，大家的努力与付出，才促成了图书的成功付梓。我们撒下关爱村落的种子，期待在不久的未来它将长成参天大树，将传统村落文化扎根于每一位读者心间，愿这套丛书为传统村落文化的传承贡献一份微薄的力量。

丛书编委会

2020年12月